CAHIERS

D'ÉCONOMIE POLITIQUE

32

Publié avec le concours du CNRS,
de l'Université de Paris X-Nanterre (CAESAR)
et de l'Université de Picardie-Jules Verne (ERSI)

Éditions L'HARMATTAN
5, 7 rue de l'École Polytechnique
75005 Paris

L'HARMATTAN Inc
55, rue Saint-Jacques
Montréal (Qc) - CANADA H2Y 1K9

Le nouveau Comité de rédaction a décidé d'ouvrir très largement la revue à l'ensemble des sensibilités qui traversent la science économique. L'originalité des *Cahiers d'économie politique* est, depuis 1974, de montrer que l'étude des auteurs passés et les débats actuels en analyse économique peuvent mutuellement s'enrichir. Leur ambition est d'être un lieu privilégié pour les discussions théoriques qui prennent en compte toute la dimension historique de la discipline économique.

Page Web : http://panoramix.univ-paris1.fr/C-Eco-Po

Editeur : Editions L'Harmattan, 5-7 rue de l'Ecole Polytechnique, 75005 PARIS, Tél : (1) 43 54 79 10, Télécopie: (1) 43 25 82 03

Abonnement et diffusion : Editions L'Harmattan, 5-7 rue de l'Ecole Polytechnique, 75005 PARIS,

Abonnement 2 numéros : France Fr. F. : 180
Étranger Fr. F. : 220 (courrier normal)
260 (par avion)

ISBN : 2-7384-6878-0 ISSN : 0154-8344

SOMMAIRE

Antoine REBEYROL	Marx et les prix relatifs 7
Edith Alicia KLIMOVSKY	Technique et salaires: limites de l'interprétation "classique" de la théorie de la valeur de Mars 25
Loïc CHARLES	Théorie des prix et liberté d'exportation du blé chez Quesnay: une interprétation 41
Marianne FISCHMAN	Le concept quesnayen d'ordre naturel 67
Marc GERMAIN Alphonse MAGNUS	De l'impact du progrès technique sur la croissance dans un modèle à générations de capital 99
Nathalie SIGOT	Les principes d'un système monétaire sain de Bentham 117
Edition	
Jeremy BENTHAM	"Discussion sur le papier-monnaie, à propos d'un ouvrage d'H. Thornton" ... 141
Nathalie Sigot	Présentation 143
J. Bentham	Manuscrit inédit 149
Note bibliographique	
Sylvain ZEGHNI	Robert ROLLINAT *La nouvelle histoire économique*, Editions LIRIS, 1997 159

MARX ET LES PRIX RELATIFS*

Antoine REBEYROL

Résumé
On cherche à montrer que le plan du *Capital*, qui part de l'exposé de la valeur travail au livre I et aboutit aux prix de production au livre III, ne reflète pas le mouvement heuristique de la pensée de Marx. Le renversement de l'ordre d'exposition fait apparaître que la théorie marxiste de l'exploitation, et en particulier le mécanisme de la plus-value absolue, ne dérivent qu'apparemment de la théorie de la valeur travail, alors qu'elles en sont en fait indépendantes. Cette relecture permet de montrer que l'opposition entre Marx et Ricardo tient à leurs interprétations différentes d'un système de prix de production, fondées sur deux analyses opposées de la relation salariale.

Abstract : Marx and Relative Prices.
This paper is intended to show that the framework of *Capital* which starts with the statement of the labour theory of value in volume I and ends with the production prices in volume III does not correspond to the heuristic movement of Marx's thought. By reversing the order of exposition, it appears that the Marxian theory of exploitation, and more particularly the mechanism of the absolute surplus-value, whereas they seem to stem from the labour-value theory, are in fact independent of it. This rereading allows to show that the opposition between Marx and Ricardo lies in their different interpretations of a production price system, based on two conflicting analyses of the wage relation.

Classification JEL : B 120, B 140, B 240

---

* Je remercie les deux rapporteurs pour leurs remarques et objections.

En gros aujourd'hui, avec un peu de recul, la lecture de Ricardo est limpide. Mais pour un économiste, Marx continue à être presque illisible. Le problème du schéma de transformation des valeurs en prix emplit de son malaise l'exposé même du livre I du *Capital*. Si la théorie de la valeur doit être "transformée", et si en plus la transformation n'est pas claire, ou erronée, ou impossible, que dire de la théorie de l'exploitation qui semble en être déduite au livre I ? Nous reprenons l'idée de l'invariance de l'évaluation du surplus, exposée par G. Duménil (1980) et D. Foley (1982), pour tenter de montrer le plus brièvement et simplement possible qu'elle permet d'envisager une introduction plus apaisée à la pensée de Marx. La théorie de la valeur du livre I peut être abandonnée sans que cela implique, en soi, un rejet de la théorie de l'exploitation. On peut montrer un schéma de prix de production formellement correct qui n'implique pas l'adoption pure et simple d'une position "ricardienne" mais intègre au contraire une conception différente du rapport salarial.

On peut tenter d'expliquer la démarche de Marx ; des concepts et le plan a priori étranges du livre I du Capital peuvent être éclairés. Il peut sembler ridicule d'entrer dans la tête d'un auteur en voulant restituer ce qu'il aurait pu dire, mais n'a effectivement pas dit. Ressusciter la poubelle de ses petits calculs est évidemment absurde. Ce fantasme est, néanmoins, en partie inévitable et peut-être même indispensable, voire constitutif de la démarche de l'historien de la pensée économique. Il ne doit pas nécessairement être rejeté pour peu qu'il s'accompagne d'une modestie suffisante : celle qui consiste à annoncer clairement une simple tentative, dont on reconnaît bien évidemment les limites, pour se donner de la clarté, se rendre intelligible ce qu'il a effectivement écrit.

Marx s'en est souvent expliqué, longuement : pour lui, la méthode scientifique est critique dans la mesure où elle est basée sur le refus d'une simple description des phénomènes. Elle se constitue d'un double mouvement. Il s'agit d'abord de dépasser les apparences pour pénétrer leur secret, découvrir les essences sous-jacentes qui sont comme leur corps substantiel. C'est, pourrait-on dire, le temps de la recherche. Ensuite, par un mouvement inverse, il faut remonter des essences aux apparences phénoménales, pour les constituer en un véritable "concret de pensée". C'est le temps de l'exposé scientifique, ou de l'écrit. Mais pour nous, pauvres lecteurs, le premier moment reste inaccessible. Il se déroule dans le laboratoire secret de la production des idées. L'apparence qui s'offre à nous est le texte, seul le second moment nous est donné. Il faut nous en débrouiller, débuter par les essences. "En toutes sciences le début est ardu", prévient Marx dans la préface du *Capital* ; nous devons nous laisser guider sur les "sentiers escarpés". C'est le temps de la lecture (I). Aujourd'hui, cette lecture est nécessairement critique et doit s'appuyer sur un formalisme mathématique en partie anachronique. Quand le livre sera fini, peut-être pourrons-nous nous faire une idée de la démarche de la recherche. Par définition, nous n'y aurons pas de certitude. L'essence du texte restera à jamais improuvable. Viendra le temps des conjectures (II).

I. Le temps de la lecture (critique)

On considère d'abord la théorie de la valeur, dans un système sans exploitation ni profit (section I du *Capital*). Le système des valeurs s'écrit aujourd'hui, si tout le capital est circulant :

$$(1)\ A\Lambda + L = \Lambda$$

Dans ce formalisme, les unités physiques des n biens sont définies de façon que leur production soit unitaire. A est la matrice carrée des quantités de biens nécessaires à ces productions unitaires[1]. Ces biens utilisés seront entièrement consommés par le processus productif. On suppose que ce système permet de dégager un surplus semi-positif, c'est-à-dire strictement positif pour au moins une marchandise. L est le vecteur (colonne) des quantités homogènes de travail simple dépensé : la réduction des travaux complexes est censée avoir déjà été opérée, d'une façon ou d'une autre. Les valeurs, qui figurent dans le vecteur colonne Λ, ne sont pas des rapports d'échange, mais des quantités de travail par unité de biens. Les rapports d'échange sont donnés par les rapports de valeurs. Il se trouve qu'ici la valeur d'un bien est égale à la quantité de travail directement et indirectement incorporée à sa production :

$$(2)\ \Lambda = (I-A)^{-1} L = L + AL + A^2 L + A^3 L + \dots$$

Le vecteur du surplus ou produit net est $S = u(I-A)$. Compte tenu de (2) on a donc :

$$(3)\ S\Lambda = uL$$

où u est le vecteur ligne composé de uns.

A partir de la section II du *Capital* apparaît l'exploitation, de taux e. Le vecteur des travaux L se partage en vecteurs du travail payé $L[1/(1+e)]$ et

1. On admet qu'en général la matrice A n'est pas complètement décomposable.

non payé L[e/(1+e)], ou encore en vecteurs du capital variable (ou de la valeur de la force de travail utilisée) et de la plus value (le vecteur $A\Lambda$ apparaissant alors comme vecteur du capital constant). On écrit donc :

Les valeurs sont les mêmes que précédemment, $\Lambda = (I-A)^{-1} L$. Les taux de profit, définis dans chaque branche par le rapport de la plus-value à la

$$(4) \qquad A\Lambda + L\left(\frac{1}{1+e}\right) + L\left(\frac{e}{1+e}\right) = \Lambda$$

somme des capitaux constant et variable, diffèrent selon les branches.

Au livre III du *Capital*, Marx définit le taux de profit moyen par le rapport entre la somme des plus-values et la somme des capitaux engagés :

Il pose ensuite un schéma de transformation des valeurs en prix de production, qui s'écrit :

$$r_M = \frac{u\,L\left(\frac{e}{1+e}\right)}{u\,A\,\Lambda + uL\left(\frac{1}{1+e}\right)}$$

où Λ est toujours calculé comme en (2). P, pour prix de production, représente un vecteur de quantités de travail par unité de bien et pas un vecteur de

$$\left[A\Lambda + L\left(\frac{1}{1+e}\right)\right](1+r_M) = P$$

rapports d'échange (ces derniers sont maintenant donnés par les rapports de prix). Ces quantités de travail diffèrent des quantités de travail directement et indirectement incorporées par unité de bien, c'est-à-dire des valeurs. En outre, les rapports d'échange diffèrent des rapports de quantités de travail incorporées aux marchandises. Par construction on a l'égalité des sommes des valeurs et des prix d'une part, des sommes des plus-values et des profits d'autre part.

$$uP = u\Lambda$$

$$uL\left(\frac{e}{1+e}\right) = u\left[A\Lambda + L\left(\frac{1}{1+e}\right)\right]r_M$$

Marx parle donc de "transformation" des valeurs en prix et de la plus-value en profit au sens ou ces grandeurs sont soumises dans l'opération à une loi de conservation de la quantité globale. Cette solution de Marx est incorrecte puisque les mêmes biens sont saisis dans deux systèmes d'évaluation, Λ et P.

Il faut donc corriger en remplaçant Λ par P, ce qui donne :

$$[AP + L(\frac{1}{1+e})](1+r_M) = P$$

Cette solution est formellement correcte. Elle oblige néanmoins à abandonner la conception que Marx se faisait de la transformation puisqu'elle ne permet, en général, d'obtenir ni l'égalité de la somme des valeurs et des prix, ni celle des plus-value et des profits. Dès lors, la définition de r_M paraît arbitraire.

On peut donc considérer a priori le taux de profit r comme une variable à déterminer. On obtient :

$$(5) \quad [AP + L(\frac{1}{1+e})](1 + r) = P$$

Le système est maintenant indéterminé, car il incorpore une inconnue de plus que d'équations. *Il ne permet pas non plus de déterminer les rapports d'échange* (la structure des prix relatifs), car intervient le terme L(1/1+e) qui implique que les équations ne sont pas homogènes en P. Elles sont homogènes en P et L. La structure du modèle est donc très différente de celle d'un système classique de prix de production qui permettrait, avec n marchandises, de déterminer (n-1) prix relatifs et le taux de profit. Ici, les prix sont des "prix absolus", des quantités de travail par unité de biens, et non des "prix relatifs". La structure des prix relatifs et le taux de profit sont bel et bien indéterminés.

Pour déterminer le modèle il faut rajouter une équation. Il y a a priori une infinité de candidats possibles à la solution. On pourrait poser par exemple $r = r_M$ comme précédemment, ou imposer un autre niveau du taux de profit, ou imposer l'égalité de la somme des valeurs et des prix, ou imposer l'égalité de la somme des plus-values et des profits, ou imposer que le capital variable puisse commander un certain panier de consommation ouvrière, ou imposer n'importe quelle normalisation des prix qui aurait des propriétés réelles ou formelles que l'on désirerait privilégier... A priori, chacune de ces possibilités déterminera une structure de prix relatifs et un taux de profit différents ; elles sont mutuellement exclusives.

Mathématiquement, si l'on se donne le taux de profit, le système devient linéaire et facile à résoudre. Si l'on se donne une normalisation des prix, de forme générale MP=NL (où M et N sont des vecteurs lignes), la procédure générale de résolution est la suivante. Utiliser cette relation pour définir une nouvelle matrice B :

$$(6) \quad B = A + L\left(\frac{1}{1+e}\right)(NL)^{-1}M$$

On obtient ainsi un nouveau système homogène en P :

$$(7)\ BP(1+r) = P$$

Le théorème de Perron-Frobénius permet alors de déterminer le facteur 1/(1+r) et les prix relatifs comme valeur propre dominante de la nouvelle matrice B et vecteur propre à droite associé.

Duménil et Foley ont proposé de privilégier l'égalité de la somme des plus-values et de la somme des profits :

$$(8) \quad uL\left(\frac{e}{1+e}\right) = u\left[AP + L\left(\frac{1}{1+e}\right)\right]r$$

La raison en est que cette égalité est équivalente à celle de la valeur et du prix du produit net, ainsi posé comme invariant de la transformation. On a en effet par substitution dans (5) :

$$uAP + uL\left(\frac{1}{1+e}\right) + uL\left(\frac{e}{1+e}\right) = uP$$

donc :

$$(9)\ uL = u(I-A)P = SP$$

L'équation (3) montre qu'on a alors :

$$(10)\ SP = S\Lambda$$

Il est donc équivalent d'imposer l'égalité (8) de la somme des profits et des plus-values, la convention de normalisation (9) SP = uL ou l'égalité (10) de l'évaluation du surplus en valeur et en prix. Les prix relatifs et le taux de profit sont alors déterminés par le système homogène en P (7) sous la forme suivante :

$$(11) \quad [A + L(\frac{1}{1+e})(uL)^{-1}S]P(1+r) = P$$

Après quoi, l'une quelconque des (n+1) équations (5) et (9) permet de déterminer les prix.

Exprimons le pouvoir d'achat des travailleurs sur un panier D de biens de consommation ouvrière :

$$(12) \quad aDP = uL(\frac{1}{1+e})$$

Les prix ayant été déterminés, cette équation permet de déterminer "a", le scalaire qui indique le niveau de la consommation ouvrière. aD est donc le vecteur ligne du panier de consommation ouvrière. Ce panier commande la quantité de travail uL, mais il n'est évalué qu'à uL[1/(1+e)]. Le "facteur de supériorité" du travail commandé sur la quantité de travail mesurée par le prix de production est donné par le taux d'exploitation. Cette expression en termes de prix de la valeur de la force de travail permet de regarder le taux d'exploitation comme un rapport de prix. Si l'on pose (9), ce rapport est un invariant de la "transformation" des valeurs en prix :

$$(13) \qquad e = \frac{r\,(uA + aD)\,P}{aDP} = \frac{uL\,(\frac{e}{1+e})}{uL(\frac{1}{1+e})}$$

Pour L donné, une diminution de la valeur de la force de travail uL[1/(1+e)] est une augmentation du taux d'exploitation selon le mécanisme de la plus value relative. Si les techniques sont inchangées, cela induira une modification des prix relatifs et une hausse de r ; le pouvoir d'achat des travailleurs sur le panier D, mesuré par a, diminuera. Pour une valeur de la force de travail constante au contraire, une hausse de L est une augmentation du taux d'exploitation selon le mécanisme de la plus value absolue. Si les rendements d'échelles sont constants les équations (5) et (9) sont inchangées (car leurs deux côtés sont multipliés par un même scalaire) mais la hausse de e implique une hausse de r et une modification des prix relatifs ; le pouvoir d'achat des travailleurs, a, peut s'en trouver modifié.

Il faut remarquer que ces équations sont susceptibles d'une lecture "ricardienne" tout à fait différente. Si l'on s'était donné a dans l'équation (12) (en s'assurant que $aD \leq S$), au lieu de le considérer comme une variable endogène, le modèle formé des équations (5), (9) et (12) aurait été surdéterminé. Pour a et e donnés, (12) est une convention de normalisation des prix a priori incompatible avec (9) ; (5) et (12) donnent d'autres prix, y compris relatifs, et un autre taux de profit que (5) et (9). On peut par contre se donner a et considérer maintenant e comme une variable endogène. En ce cas, (11) -qui résulte de (5) et (9)- n'est plus utilisable pour déterminer les prix relatifs et r ; ces derniers sont solution du système formé avec (5) et (12) :

$$(14)\ [A + L(uL)^{-1}\ aD]P(1+r) = P$$

Conformément à la tradition classique, les biens de consommation ouvrière sont ainsi considérés comme une consommation intermédiaire des capitalistes plutôt que comme une consommation finale des travailleurs. (9) permet alors de déterminer les prix. Puis l'une quelconque des (n+1) équations (5) et (12) détermine e. Le facteur 1/(1+e) s'interprète en ce cas comme un taux de salaire :

$$(15) \quad \frac{1}{1+e} = w$$

En vérité, le système (14) ayant déterminé les prix relatifs et le taux de profit, l'adoption d'une convention de normalisation des prix (par exemple (9)) est plutôt inutile : elle n'a d'autre signification que de donner une expression nominale arbitraire aux prix et taux de salaire. La forme particulière de la relation entre le taux de salaire et le taux de profit en dépend, mais cela tend plutôt à prouver qu'il ne faut pas trop lui accorder de signification. La même conclusion aurait été obtenue dans un modèle formé des équations (5) et (12) qui aurait considéré à la fois a et e comme des variables exogènes, en abandonnant l'équation (9). Les prix relatifs et r auraient été donnés par (14) *indépendamment* de e, qui n'aurait servi dans un second temps qu'à la détermination des prix par (12). La donnée exogène de e (ou w) n'aurait servi qu'à une détermination nominale arbitraire des prix.

On peut se convaincre que l'interprétation économique du système d'équations (5), (9) et (12) est complètement différente selon que l'on considère e ou a comme une variable exogène par le fait suivant : la présence de marchandises non fondamentales implique la décomposabilité de la matrice A. Si ces marchandises sont des biens de luxe, exclus du panier de consommation ouvrière D, la matrice $[A + L(uL)^{-1}\ aD]$ aura le même type de décomposabilité. Donc si a est exogène, les conditions de production des biens de luxe n'interviennent pas dans la détermination du taux de profit. Cette conclusion est inversée si c'est e qui est exogène, car la présence de biens de luxe n'implique nullement la décomposabilité de la matrice :

$$[A + L(\frac{1}{1+e})(uL)^{-1}S]$$

On peut aussi s'en convaincre par la considération suivante : si a est exogène et e endogène, une baisse de a à L donné implique une hausse du taux de profit et une modification des prix relatifs, comme dans le mécanisme de la plus-value relative. Mais comment formuler un mécanisme de plus-value absolue ? Si les rendements d'échelles sont constants (5) est inchangée. Une multiplication de L par le scalaire λ, à a donné, transforme l'équation (12) :

$$aDP = u\lambda L(\frac{1}{1+e}) \leftrightarrow (\frac{a}{\lambda})DP = uL(\frac{1}{1+e})$$

La hausse de L (λ>1) à a donné (plus-value absolue) est en fait indistinguable d'une baisse de a à L donné (plus-value relative). Dans cette version, 1/(1+e) s'interprète bien comme un taux de salaire horaire, qui baisse si la journée de travail s'allonge tandis que le pouvoir d'achat des travailleurs reste constant.

Ces considérations permettent d'éclairer un réel problème d'interprétation, car Marx énonce bien une théorie de la valeur de la force de travail qui a la forme d'une détermination du niveau de la consommation ouvrière. Mais le fait de considérer le taux d'exploitation, e, et non a, comme la variable exogène est bien conforme à la théorie de Marx de la plus-value absolue : si la valeur de la force de travail est, peut-être, en partie réglée par une loi économique, il n'en va pas de même du salaire horaire. En effet la durée de la journée de travail, qui intervient de façon essentielle dans la définition de e, fait pour lui l'objet d'une lutte, d'un rapport de force entre les classes sur lequel l'économiste n'a pas de qualification particulière à discourir. Elle n'est pas régie par une loi économique.

La conception de Marx de la relation salariale diffère de celle de Ricardo. Pour lui, le panier aD ne doit pas être considéré comme une consommation intermédiaire des capitalistes, mais bien comme une consommation finale des travailleurs. Le salaire est certes avancé par le capitaliste, il fait partie du capital auquel le profit sera rapporté. Mais en réalité "le travailleur fait partout au capitaliste l'avance de la valeur usuelle de sa force ; (...) en un mot, il lui fait partout crédit" [2]. Les biens qu'il consommera font partie de la production de la période, ils ne sont pas exclus du surplus à partager par l'échange : "la valeur de la force de travail (...) est reproduite en réalité, et non en apparence comme la valeur des moyens de production" [3]. Les travailleurs reçoivent un salaire qui représente une certaine fraction de la valeur ajoutée. Tout le monde jugerait indiscret d'aller leur demander pré-

2. *Le Capital*, livre I, chap.VI.
3. Ibid., p.761.

cisément ce qu'ils consomment. En indiquant un panier de consommation ouvrière, il s'agit simplement de dire qu'un indice des prix à la consommation, qui nécessite pour sa construction la définition d'une structure de référence, a sans doute, dans certaines phases du capitalisme, un rôle à jouer dans les négociations salariales et donc dans la détermination du partage de la valeur ajoutée. Cet indice est alors un des éléments (certainement pas le seul dans la pensée de Marx) qui peuvent participer à la détermination de e. De toute façon, le problème est ici plus statistique que théorique, car un indice est toujours facilement contestable. En théorie, chez Marx c'est bien la donnée du taux d'exploitation qui permet de déterminer le système, et non le panier aD. Par exemple, si la structure de la consommation des travailleurs est légèrement différente de celle indiquée par le panier D, les prix de production et le taux de profit restent inchangés ; tandis que dans une interprétation ricardienne stricte au contraire, il faut admettre une modification des conditions de production des marchandises qui implique un changement de leurs prix relatifs et du taux de profit.

On aurait donc deux types de représentation pour le même monde. L'une, que Marx jugerait acritique, classique, bourgeoise et apologétique, est constituée du système (5)-(12) avec a exogène. Aucune référence n'y est faite à la théorie de l'exploitation. Le taux de salaire y apparaît comme la rémunération du travail effectué, et le profit comme celle du capital avancé. Il décrit convenablement, par un système homogène en w et P, les apparences des prix relatifs, du taux de profit et du pouvoir d'achat des travailleurs. Le choix d'une unité de mesure y serait totalement arbitraire.

L'autre représentation est celle du système (5)-(9) avec e exogène, la détermination du taux d'exploitation étant éventuellement en partie éclairée par (12). Elle chercherait à dégager l'essence des mêmes apparences, et y décèlerait l'exploitation à l'origine du profit, exploitation rendue tangible par le mécanisme de la plus-value absolue. Les rapports d'échange y seraient l'expression phénoménale de quantités de travail, substances de la valeur d'échange. La théorie de la valeur de Marx serait abandonnée, en ce sens que ces quantités ne correspondent pas au travail directement et indirectement incorporé dans les marchandises. Néanmoins, la normalisation SP = uL conserverait l'idée que tout excédent provient du travail nouveau. Tout se passerait comme si la valeur-travail incorporé créée, $S\Lambda = uL = SP$, était répartie d'une part entre les travailleurs et les capitalistes en fonction du taux d'exploitation, d'autre part entre les capitalistes au prorata du prix des capitaux engagés. Cela permettrait de montrer qu'à durée du travail donnée, une variation du pouvoir d'achat des salariés, si elle implique bien une modification de sens inverse du taux de profit, représente en réalité un changement du taux d'exploitation du travail. De même, un allongement de la durée de travail, à salaire donné, se traduirait bien par une hausse du taux de profit, mais représenterait en réalité une augmentation du travail non payé au travailleur.

La mathématique sous-jacente à la résolution de ces systèmes relève de l'analyse spectrale des matrices. Elle était inaccessible à Marx comme elle l'avait été à Ricardo. La similitude des positions de ces deux auteurs, confrontés à la même difficulté mathématique, est frappante.

Ricardo accepte, dans les *Principes de l'économie politique et de l'impôt*, de raisonner comme si les rapports d'échange des marchandises étaient égaux aux rapports des quantités de travail qui y sont incorporées, ce qu'il sait être faux. Il indique avec insistance que l'influence du taux de profit sur les prix relatifs est inéliminable (chap.I, sections IV et V). Néanmoins, tout en restant insatisfait de cette "solution", il pense que le choix judicieux d'un étalon permet de minimiser, globalement, cette influence perturbatrice (chap.I, section VI) : les biens produits avec "une combinaison de capital fixe relativement au capital circulant" plus forte -ou avec "un capital fixe plus durable"- que l'étalon, ont des prix plus élevés que ce qu'impliqueraient les comparaisons de leurs travaux incorporés à ceux de l'étalon ; mais les autres biens, qui se trouvent dans le cas inverse, ont des prix plus faibles. Si l'étalon était produit avec "une combinaison moyenne", on pourrait évoquer une compensation des écarts. Ricardo n'admet l'égalité des prix relatifs aux rapports de quantités de travail incorporées qu'à titre approximatif, en moyenne en quelque sorte. Il exprime encore son désarroi dans les dernières semaines de sa vie (dans l'article inachevé «Valeur absolue et Valeur d'échange», rédigé pendant l'été 1823 et publié par Sraffa en 1951).

Marx, quant à lui, publie en 1867 le livre I du *Capital*, basé sur une théorie de la valeur travail incorporé qu'il sait fausse. Les manuscrits qui serviront de base au livre III sont déjà rédigés. Ils affirment qu'à cause de l'uniformité du taux de profit, les valeurs travail incorporé doivent être "transformées". Les raisonnements qui assimilent les rapports d'échange à des rapports de quantités de travail incorporées ne sont donc, aux yeux de Marx, qu'approximativement exacts, en moyenne en quelque sorte. Marx a écrit dans ces manuscrits un schéma de transformation censé justifier une moyenne exacte. Il reconnaît explicitement l'erreur de ce schéma [4], mais il pense qu'on peut s'appuyer sur l'égalité des sommes des valeurs et des prix pour produire un mécanisme global de compensation des erreurs [5]. Cette égalité, fondement des calculs "en moyenne" du livre I, constitue pourtant, précisément, ce que le schéma doit établir. Marx a donc tort de conclure à la

4. *Le Capital*, tome II, p.957.
5. Ibid., pp.952-53.

validité approximative de son schéma. Mais au-delà de cet épisode, il est clair que même si le schéma était exact, il ne validerait en tout état de cause les énoncés du livre I qu'à travers un mécanisme de compensation globale des écarts entre valeurs et prix. Marx ne publiera jamais ces manuscrits, en seize ans de temps (il meurt en 1883). La publication du livre III, à titre posthume, sera réalisée par Engels en 1894. Cela peut paraître tout à fait incroyable. Pour Marx, en soi (seize ans !). Pour Marx et Engels, lorsqu'on songe à l'expansion que le marxisme avait connu depuis 1867 (vingt-sept ans !). Mais c'est le cas.

Quant au fond, la différence entre Marx et Ricardo ne tient donc pas à la difficulté mathématique de déterminer les rapports d'échange ; ils éprouvent manifestement tous deux cette contrariété de façon très analogue. Pour tous les deux, l'idée que les rapports d'échange des marchandises sont égaux aux rapports des quantités de travail qu'elles incorporent est une sorte de pis-aller, une réponse très imparfaite à cet obstacle mathématique insurmontable ; elle n'est tolérable, au mieux, qu'en moyenne. La différence qui les oppose est tout autre : ils n'ont pas la même analyse de la relation salariale.

II. Le temps des conjectures.

Nous sommes partis dans la première partie du système de Marx, en suivant la démarche du Capital qui va des valeurs aux prix. Il peut être utile de retrouver les mêmes conclusions par un mouvement inverse, qui s'amorce d'un système classique de prix de production :

$$(AP + Lw)(1+r) = P$$

Ce système est indéterminé et ne permettra de calculer les prix relatifs que si quelque chose est dit de la répartition. Traditionnellement, on admet que la solution "classique" consiste à se donner le niveau des salaires sous la forme d'un panier de consommation ouvrière (donc à rajouter l'équation $aDP=uLw$, avec a exogène). Sraffa suggère que l'on pourrait de façon alternative se donner le niveau du taux de profit. Mais il est clair qu'à ce compte, il existe, entre autres (et si on se donnait la demande des capitalistes ?), au moins une troisième possibilité : on pourrait tout aussi bien se donner le partage de la valeur ajoutée en profits et salaires, en posant :

$$\frac{r\,(uAP + uLw)}{uLw} = \varepsilon$$

En éliminant les profits totaux entre cette expression et le système de prix de production, on voit que cela reviendrait, ici aussi, à poser une équation en P et w :

$$\varepsilon uLw = uP - uAP - uLw \qquad \Leftrightarrow \qquad SP = uLw(1+\varepsilon)$$

D'une façon ou d'une autre par conséquent, on fait une hypothèse qui permet (aujourd'hui), ou aurait dû permettre (du temps de Ricardo et Marx), d'obtenir les rapports d'échange, le taux de profit, une ou plusieurs expressions du pouvoir d'achat des salariés et des capitalistes, et le partage de la valeur ajoutée.

Voilà, nous semble-t-il, ce que Marx considérerait comme un ensemble cohérent d'apparences issu de la pensée ricardienne. De son point de vue, on ne saurait s'en contenter : ces apparences doivent au contraire former le point de départ de la recherche critique. Quel est le ressort de cette critique ? C'est, conjecturons-le, l'idée qu'il faut interpréter le partage de la valeur ajoutée (ε) comme un taux d'exploitation (e), en révélant par conséquent l'essence que constituent les rapports sociaux conflictuels sous-jacents. Pour cela, il faut encore affirmer que la valeur ajoutée provient du seul travail, que l'évaluation du surplus est donnée par le travail nouveau. Il faut poser (9).

Cela revient à dire que le salaire ne rémunère pas le travail mais seulement... la "force de travail" (livre I du *Capital*, section II), puisqu'aussi bien

$$SP = uL \quad \Leftrightarrow \quad w = \frac{1}{1+e}$$

où e a remplacé ε dans les notations.

Il est donc équivalent d'interpréter le partage de la valeur ajoutée comme un taux d'exploitation et d'affirmer que le travail social (uL) est la "mesure", ou la "substance", de la valeur d'échange. Par ces expressions un peu déroutantes, on peut simplement entendre qu'à taux d'exploitation donné, les rapports d'échange sont déterminés comme rapports de prix qui sont des quantités de travail social.

"L'économie politique a bien, il est vrai, analysé la valeur et la grandeur de la valeur (...) mais elle ne s'est jamais demandé pourquoi le travail se représente dans la valeur" [6]. Il faut en effet donner un contenu à l'affirmation essentielle SP=uL, et ne pas la regarder comme un choix arbitraire de l'étalon. Il faut montrer qu'elle revient à poser l'égalité de la valeur ajoutée à la

6. *Le Capital,* tome I, pp.614-15.

quantité de travail directement et indirectement incorporée dans le surplus. Bref, il faut démontrer qu'indépendamment de toute convention de normalisation des prix, le travail total est bien le travail cristallisé en S. Dans la démarche de la recherche, cela est loin d'être évident. Intuitivement, on peut tenir le raisonnement suivant. Globalement, le travail total, ou social, permet deux choses, il semble avoir deux propriétés : d'une part il assure que les biens utilisés à la production sont reproduits (tout se passe comme s'il assurait la transmission des inputs aux outputs) ; d'autre part il permet l'émergence du surproduit :

$$uA , uL \rightarrow uA + S$$

uL est le travail directement incorporé au produit brut (uA + S). On peut affirmer qu'une part de ce travail total sert à produire directement la partie S du produit brut (SL) tandis que l'autre part sert à produire directement la partie complémentaire uA, c'est-à-dire à reproduire les moyens de production globalement utilisés (uAL). Cette seconde part du travail total est donc aussi celle qui sert à produire indirectement le surplus, et le travail total est donc bien le travail cristallisé en S.

Si ce raisonnement exact laisse perplexe, on peut facilement, aujourd'hui, le vérifier mathématiquement par les équations (2) et (3) :

$$S\Lambda = uL = SL + uAL = SL + SAL + SA^2 L + SA^3 L + ...$$

Mais revenons au raisonnement "littéraire". Il revient à dire que l'on peut recomposer le système total (A , L → I) en deux secteurs, l'un qui produit le surplus, l'autre qui reproduit les moyens de production utilisés :

$$SA , SL \rightarrow S$$
$$uA^2 , uAL \rightarrow uA$$

Les conditions de production du surplus S se lisent sur la première ligne, celles des moyens de production utilisés uA sur la seconde. Dans le cas particulier où le surplus est intégralement consommé, le secteur qui reproduit les moyens de production utilisés est, "en valeur d'usage", le secteur I du *schéma de reproduction simple*, tandis que le secteur qui produit le surplus est le secteur II (livre II du *Capital*). Mais le surplus peut parfaitement intégrer des moyens de production qui serviront à l'accumulation du capital (comme dans le schéma de reproduction élargie).

Indépendamment de toute normalisation des rapports d'échange, on peut donc avancer que le travail directement et indirectement incorporé au surplus est le travail total ou social. Affirmer que ce travail constitue la valeur du surplus, en posant (9), revient à dire que la valeur du produit brut est la valeur des moyens de production globalement utilisés à laquelle s'est ajoutée le travail "nouveau", ou encore que le travail social a permis la transmission de la valeur des moyens de production au produit. On dira que les moyens de production n'ont ajouté aucune valeur nouvelle au produit. En raisonnant ainsi au niveau global, les propositions suivantes sont parfaitement compréhensibles : "La valeur des moyens de production reparaît dans la valeur du produit ; mais elle n'est pas, à proprement parler, reproduite". "En réalité elle n'est pas consommée et ne peut pas, par conséquent, être reproduite" [7]. Elle est "transmise". La "valeur" des biens de consommation ouvrière, dans le surplus, est, par contre, partie du travail social ; nous avons déjà fait cette importante citation : "la valeur de la force de travail (...) est reproduite en réalité, et non en apparence comme la valeur des moyens de production" [8]. Cette démonstration est solidaire de la théorie de l'exploitation : *"les moyens de production ne peuvent donc jamais ajouter au produit plus de valeur qu'ils n'en possèdent eux-mêmes"* [9]. Encore une fois : tout le surplus provient du travail. Cette démonstration est essentielle.

Mais comment évaluer la valeur des moyens de production, transmise au produit ? Il est aujourd'hui facile d'affirmer qu'il suffit de résoudre le système (11). Si ce moyen mathématique n'est pas disponible (et il ne l'était pas pour Marx), on peut envisager un détour. Dire en effet que le travail est exploité, c'est affirmer a contrario que s'il ne l'était pas (e=0), les travailleurs s'approprieraient la totalité du surplus (r=0). On peut donc envisager un système sans exploitation ni profit, qui est le système des valeurs (1), linéaire et facile à résoudre. Il permet de calculer facilement la valeur des moyens de production et du produit brut. Dans ce système, la proposition selon laquelle le travail nouveau a permis la transmission de la valeur des moyens de production utilisés est certes vérifiée au niveau global, pour le surplus et ses moyens de production ; *mais elle est également valable pour toutes les branches.* La valeur de n'importe quelle marchandise est égale à la quantité de travail direct et indirect qu'elle incorpore, au travail nouveau dépensé à sa production plus la valeur, ainsi calculée, de ses moyens de production. La propriété du travail social d'être la mesure des rapports d'échange (SP=uL) est maintenant partagée par chaque quantité de travail incorporée dans une marchandise individuelle. La structure globale de la transmission de la valeur par le travail nouveau est reproduite au niveau de chaque marchandise individuelle.

7. Le Capital, tome I, p.760.
8. Ibid., p.761.
9. Ibid., p.758, souligné par Marx.

Si le taux d'exploitation n'est pas nul ces propositions qui restent vraies au niveau global ne sont plus vérifiées au niveau individuel. En général les quantités de travail incorporées dans les biens ne déterminent pas leurs rapports d'échange, puisque le rapport d'échange entre le surplus et n'importe quel bien ou panier de bien dépend du taux d'exploitation. Ces quantités de travail ne sont pas la substance des valeurs d'échange. On peut donc éventuellement comprendre le concept de travail abstrait, ou de travail social incorporé à chaque marchandise individuelle, en dehors de toute référence au problème de l'homogénéisation des travaux concrets (c'est-à-dire au problème de la réduction du travail complexe en travail simple) : si $e=0$, le travail incorporé à chaque marchandise particulière peut être dit abstrait en ce sens qu'il a la propriété du travail général d'être la mesure des rapports d'échange, la substance de la valeur d'échange. De façon équivalente, le travail vivant directement incorporé à n'importe quelle marchandise particulière a la propriété de transmettre la valeur des moyens de production incorporés à cette marchandise. Dans la section I du *Capital*, il y a bien place pour trois concepts distincts : le travail simple (i.e. le travail homogène), le travail social (i.e. le travail homogène total, mesure des rapports d'échange) et le travail abstrait (i.e. le travail incorporé à une marchandise particulière en tant qu'il est une fraction du travail social, qu'il en a les mêmes propriétés). Sous la plume viennent encore d'autres expressions, comme lorsqu'il est question de distinctions intrabranche : par exemple, le "travail socialement nécessaire en moyenne" [10].

Ces notions deviennent-elles complètement inadéquates lorsque l'exploitation est introduite ? Marx, qui a déjà écrit les manuscrits du livre III, sait bien que la théorie de la valeur travail n'est plus vérifiée. Le concept de travail abstrait disparaît effectivement du texte. La théorie des rapports d'échange doit clairement être modifiée. Les propositions relatives à la transmission de la valeur ne peuvent plus être maintenues telles quelles pour les marchandises individuelles. Mais doivent-elles pour autant être abandonnées ? Elles restent valables au niveau global. Ne doivent-elles pas plutôt subir une simple transformation au niveau individuel ? Marx est convaincu que la théorie de la valeur travail reste valable "en moyenne". La proposition essentielle à la théorie de l'exploitation, que tout le travail social est incorporé dans le surplus, ne dépend pas du système d'évaluation.

Sur quoi la conviction que la théorie de la valeur travail est vraie en moyenne peut-elle être fondée ? Marx explique très clairement que son "sché-

10. Il faut néanmoins remarquer que le concept de travail abstrait n'apparaît que dans la section I, et seulement à propos des formes de la valeur et de la monnaie. Ces thèmes occupent matériellement près de 90% de l'espace de cette section. C'est sûrement une indication intéressante de ce qui s'y joue pour Marx: non pas tellement une théorie des prix relatifs, mais bien plutôt une théorie de la nécessité de leur expression monétaire.

ma de transformation" est faux. S'il a cherché à corriger son schéma en maintenant sa définition du taux de profit général il est tombé sur des résultats absurdes. S'il a libéré le taux de profit, comme en (5), il est tombé sur des difficultés mathématiques insurmontables, alors que le problème était manifestement bien posé et devait avoir une solution. Il faut prendre la mesure du fait qu'il y a là une sorte de scandale intellectuel. Dans les exemples de ses manuscrits, Marx a cinq branches. Il n'a aucune chance de s'en tirer. Il n'est pas le premier à avoir cru à une "moyenne". Ricardo a bien clairement montré que ce calcul moyen dépendait du choix de l'étalon. N'est-il pas normal qu'il ait, lui, avec une autre mesure, celle du travail social, trouvé la solution qu'il ne pouvait calculer explicitement, trouvé la moyenne exacte et réglé la question de l'étalon ? D'ailleurs si cela est vrai, son schéma n'est pas vraiment faux, les erreurs s'y compensent. Or c'est Ricardo qui a affirmé que cette moyenne autoriserait à raisonner en travail incorporé. Que fait-il d'autre que de suivre sur ce point les recommandations du plus rigoureux des économistes ?

La suite est évidente : si la recherche va des apparences aux essences, l'exposé positif doit suivre, lui, l'ordre inverse. Au lieu de présenter la théorie de la valeur travail incorporé, conçue comme une théorie des rapports d'échange, dans un système où le taux d'exploitation et le taux de profit sont nuls, Marx la présente "en dehors de toute détermination capitaliste". Ce léger glissement sémantique est grave, car il induit en erreur, en suggérant que cette théorie de la valeur est conservée lorsque l'exploitation est introduite. Pire, il suggère que la théorie de l'exploitation est une conséquence de la théorie de la valeur de la première section du *Capital*.

Les conjectures sont libres. Elles constituent notre "concret de pensée" à nous, qui peut seulement être plus ou moins convaincant ou éclairant, aider à donner de la chair à l'image sinon squelettique d'un auteur. Elles peuvent aussi guider dans la littérature secondaire, dans le maquis des interprétations (par exemple sur les schémas de reproduction). Mais la lecture critique obéit à des règles contraignantes. Sa conclusion est bien que l'uniformité d'un taux de profit positif doit faire abandonner la théorie de la valeur du livre I du *Capital*. Cet abandon n'implique en soi aucun rejet de la théorie de l'exploitation qui y est présentée et du mécanisme de la plus-value absolue. Un système de prix de production est compatible avec une vision marxiste non ricardienne du rapport salarial. La démarche qui rechercherait des essences derrière les apparences des prix relatifs, et qui les trouverait dans le travail social et son exploitation, ne peut être rejetée a priori sur une base économique.

Université Paris IX-Dauphine
Centre Vandermonde

BIBLIOGRAPHIE

BORTKIEWICZ Ladislaus von (1906), traduction anglaise "Value and price in the marxian system", *International Economic Papers* n° 2, 1952.

BORTKIEWICZ Ladislaus von (1907), traduction anglaise "On the correction of Marx's fundamental theoretical construction in the third volume of *Capital*", in Sweezy ed., *Karl Marx and the close of his system*, Londres, The Merlin Press, 1975.

DUMÉNIL Gérard (1980), *De la valeur aux prix de production*, Paris, Economica.

FOLEY Duncan (1982), Value of money, the value of labor power and the marxian transformation problem, *Review of Radical Political Economics*, XIV.

LIPIETZ Alain (1982), Retour au problème de la "transformation des valeurs en prix de production", *Cahiers d'Economie Politique*, n° 7.

MARX Karl (1867-1894), *Le Capital*, Paris, Editions de la Pléiade, 1969.

MORISHIMA Michio (1973), *Marx's Economics*,Cambridge, Cambridge University Press.

RICARDO David (1817), *On the Principles of Political Economy and Taxation*, in Sraffa éd., *The works and correspondence of David Ricardo*, vol.I, Cambridge, Cambridge University Press, 1951.

RICARDO David (1823), Valeur absolue et valeur d'échange, in *The works and correspondence of David Ricardo*, vol.IV, Cambridge University Press, 1951, traduction française dans les *Cahiers d'Economie Politique*, n° 2, 1975.

TECHNIQUE ET SALAIRES : LIMITES DE L'INTERPRÉTATION "CLASSIQUE" DE LA THÉORIE DE LA VALEUR DE MARX

Edith Alicia KLIMOVSKY*

Résumé
L'interprétation "classique" de la théorie de Marx considère que les valeurs sont déterminées, indépendamment du marché, par les conditions de production et que les travaux concrets sont homogénéisés par leurs salaires. D'après cette interprétation, la validité de la théorie de Marx suppose que la composition en valeur du capital est uniforme dans toutes les branches. Dans cet article nous montrons que si l'on accepte cette interprétation "classique", la théorie de Marx n'est pas compatible avec n'importe quelle technique viable car il se peut qu'il n'existe aucune structure des salaires positifs permettant d'homogéneiser les différents types de travail de manière à obtenir le vecteur de travail homogène que requiert la théorie de la valeur-travail.

Abstract: Technique and Wages: Limits of the "Classical" Interprétation of Marx's Theory of Value
The "classical" interpretation of Marx's theory considers that values are determined by technological conditions, independently from the market, and that concrete labors are agregated via relative wages. According to this interpretation, Marx's theory is valid only if the value composition of capital is uniform in all branches. This article shows that if this "classical" interpretation is accepted, Marx's theory is not compatible with any viable technique owing to the possible inexistence of a

*Je remercie Carlo Benetti, Christian Bidard, Gérard Duménil, Sergio Hernandez, Dominique Lévy, Felipe Peredo et Antoine Rebeyrol pour leurs commentaires.

positif wages structure permitting the agregation of the different qualities of labor in order to obtain the homogeneous labor vector that the labor theory of value requires.

Classification JEL : B120, B140, B240

L'interprétation la plus répandue de la théorie de Marx affirme que les valeurs sont déterminées, indépendamment du marché, par les conditions de production. Cette idée, dont la première formalisation se trouve dans les travaux de Bortkiewicz du début du siècle, a été reprise ensuite par des nombreux auteurs contemporains, comme Abraham-Frois, Berrebi, Bidard, Dumenil, Medio, Morishima, Pasinetti et Steedman, parmi bien d'autres [2]. Dans ce cadre, le caractère social des valeurs est expliqué essentiellement par le fait que celles-ci sont le résultat d'un système d'interdépendance générale [3].

D'après cette interprétation, la validité de la théorie de la valeur de Marx suppose que la composition en valeur du capital est uniforme dans toutes les branches, ce qui implique une articulation particulière entre la matrice des coefficients techniques et le vecteur de travail homogène de l'économie [4]. Puisque les travaux qui interviennent dans la production des marchandises sont aussi hétérogènes que celles-ci, il est nécessaire d'expliciter le critère qui est adopté pour calculer le vecteur de travail homogène.

La question de l'homogénéisation des travaux est généralement évitée en supposant que le travail est physiquement homogène [5]. Parfois il s'agit simplement d'une hypothèse provisoire, qui est remplacée ensuite par une autre d'après laquelle les travaux complexes ont été réduits en équivalents du travail simple. La difficulté est ainsi contournée sans que le problème ne soit résolu, car le plus souvent le processus de réduction n'est pas expliqué [6].

Une autre solution est celle des premiers économistes classiques du XVIIème siècle [7]: les travaux concrets sont homogénéisés par leurs salaires. Le principal argument évoqué afin de justifier l'adoption de ce critère est

1. Cf, Bortkiewicz L. (1906) et (1907).
2. Cf, par exemple : Abraham-Frois G. et Berrebi E. (1976), pp. 11-13; Bidard Ch. (1991), p. 632; Duménil G. (1980), p. 25; Medio A. (1972), p. 333; Morishima, M., (1973), pp. 14-15 et 192-193; Pasinetti L. (1975), p. 92; et Steedman I. (1977), p. 55.
3. Cf., par exemple, Morishima M. (1973), p. 14.
4. Cf., par exemple, Pasinetti L. (1975), notes 9 et 10 du chapitre V
5. Cf., par exemple, Bidard Ch., (1991), p. 22, et Pasinetti L. (1975), p. 96.
6. Cf., par exemple, Abraham-Frois G. et Berrebi E. (1976), pp. 7-8 et 10.
7. Cf., par exemple, Cantillon R. (1755), chapitres VII et VIII, et Smith A. (1776), pp. 117 et 220.

l'obtention d'un taux d'exploitation uniforme pour les différents types de travail [8].

Notons que cette règle est précisément celle qu'applique Keynes pour définir le niveau général de l'emploi [9], et qu'elle est aussi à la base du calcul du vecteur de travail homogène qui figure dans le système des prix classique [10].

En définitive, si l'on adopte le critère classique, la théorie de Marx ne se distingue pas logiquement de la théorie ricardienne de la valeur-travail, construite à partir des conditions de production, en dehors de la circulation, et en supposant l'homogénéisation des travaux par leurs salaires.

Dans cet article, nous nous proposons d'examiner les limites de cette interprétation, que nous nous sommes permis d'appeler "classique", sans discuter si elle exprime d'une manière adéquate les idées de Marx, ce qui exigerait sa confrontation avec les textes de cet auteur. Pour cette raison, nous nous bornons à examiner les effets sur la théorie de Marx du principe classique d'homogénéisation des travaux.

Plus précisément, après avoir éclairci les notions de technique, de travail homogène et de composition du capital, nous allons montrer que si l'on accepte cette interprétation "classique", la théorie de Marx n'est pas compatible avec n'importe quelle technique viable, ce qui réduit notablement sa portée. Cette limite est beaucoup plus grave pour la théorie de Marx, étant donnée son aspiration à la généralité, que pour la théorie ricardienne de la valeur-travail, considérée par son auteur comme un cas particulier.

1. Technique d'une économie

La technique d'une économie est représentée par deux matrices non négatives : la matrice $\mathbf{A} = [a_{ij}]$ des coefficients techniques et la matrice $\mathbf{N} = [n_{ih}]$ des travaux concrets [11]. Tandis que la première est nécessairement carrée, la deuxième peut être carrée ou rectangulaire selon que le nombre de marchandises est égal ou non au nombre des variétés de travaux employés pour les produire.

L'interprétation technico-économique de la dépendance linéaire des lignes et des colonnes des matrices **A** et **N** n'est pas en général très évidente,

8. Cf., par exemple, Morishima M. (1973), pp. 192-193, et Steedman I. (1985), pp. 554-555.
9. Cf. Keynes J. M. (1936), p. 60.
10. Cf. Ricardo D. (1821), p. 21-22.
11. a_{ij} et n_{ih} représentent, respectivement, la quantité de marchandise j et de travail h employés pour produire une quantité donnée de la marchandise i.

à l'exception des cas de proportionnalité. Lorsque deux ou plusieurs lignes de la matrice **A** (ou **N**) sont proportionnelles, les mêmes moyens de production (ou types de travail) sont utilisés dans des proportions égales dans plus d'une branche de la production. On dit alors que la composition technique des moyens de production (ou travaux) est identique dans ces branches. D'ailleurs, la proportionnalité de quelques unes des colonnes de la matrice **A** (ou **N**) signifie que certains moyens de production (ou types de travail) sont employés dans des proportions fixes dans la production de toutes les marchandises.

La dépendance linéaire des lignes et des colonnes des matrices de travaux concrets rectangulaires, d'ordre n x k (où n désigne le nombre des marchandises et k le nombre des travaux concrets), est encore beaucoup moins claire. Quand le nombre de marchandises est supérieur à celui des travaux employés dans la production, le rang de la matrice **N** est tout au plus égal à k, donc au moins n - k lignes de cette matrice sont linéairement dépendantes. En revanche, si le nombre de marchandises est inférieur à celui des travaux, son rang ne peut pas être supérieur à n, c'est-à-dire, la matrice **N** a au moins k - n colonnes linéairement dépendantes. Cela n'implique aucune hypothèse spéciale en ce qui concerne la technique de production des marchandises, mais indique simplement que n - k lignes (ou k - n colonnes) de la matrice **N** peuvent s'exprimer mathématiquement comme combinaison linéaire de certaines ou de toutes ses lignes (ou colonnes) linéairement indépendantes.

2. Homogénéisation des travaux par leurs salaires

Quand les travaux concrets sont homogénéisés par leurs salaires, le vecteur **l** de travail homogène s'obtient en multipliant la matrice **N** par un vecteur ω qui indique la structure des salaires des différents types de travail, soit :

$$\mathbf{N}\,\omega = \mathbf{l} \qquad [1]$$

Notons que le rang de la matrice **N** est nécessairement égal à celui de la matrice élargie [12]. Par conséquent, la dépendance linéaire de deux ou plusieurs lignes de la matrice **N** implique le même type de dépendance linéaire des éléments correspondants du vecteur **l**.

Le vecteur de travail homogène ainsi calculé représente, soit des quantités du type particulier de travail dont le salaire est pris comme unité de

12. Il s'agit de la matrice **N** à laquelle on ajoute le vecteur **l** comme colonne supplémentaire.

mesure de tous les salaires, soit la répartition du travail homogène entre les branches, si les différents salaires sont exprimés en terme de la masse salariale de l'économie [13]. Dès lors, l'homogénéité du travail n'est en aucune façon l'expression d'une hypothèse concernant l'existence d'une seule classe de travail, mais le résultat de la réduction des différences de qualité des travaux à des différences équivalentes de quantité.

En somme, lorsque l'homogénéisation des divers types de travail est fondée sur le rapport salarial, le vecteur de travail homogène n'est pas une donnée purement technique, puisqu'il dépend de la structure des salaires. Cette dernière est soit considérée comme exogène ou, sinon, est expliquée en se référant essentiellement à la notion de capital humain, auquel cas elle est influencée par les variations du taux de profit [14].

3. Composition en valeur et technique du capital

La littérature contemporaine n'a pas accordé une attention suffisante à la matrice **N**, ce qui a eu des effets négatifs sur les analyses qui utilisent le concept de travail homogène. Tel est le cas, par exemple, de la composition du capital qui est en général définie en comparant la matrice des coefficients techniques et le vecteur de travail homogène, sans aucune référence à la matrice des travaux concrets.

Il est usuellement affirmé que la condition nécessaire et suffisante pour que la composition en valeur du capital [15] d'un système économique soit uniforme est que le vecteur **l** de travail homogène soit vecteur propre associé à la valeur propre dominante de la matrice **A** des coefficients techniques, soit :

$$\mathbf{A}\,\mathbf{l} = \lambda_{m(\mathbf{A})}\,\mathbf{l} \qquad [2]$$

où $\lambda_{m(\mathbf{A})}$ indique la valeur propre dominante de la matrice **A** [16]. En ce

13. Cf. Klimovsky E. (1993), pp. 169-171.
14. Cf. Kurz H. D. et Salvadori N. (1995), pp. 327-344.
15. Rappelons que, chez Marx et les classiques, le capital comprend les moyens de production et les salaires.
16. Si l'on a, par exemple, la matrice des coefficients techniques A suivante:
la composition en valeur du capital du système est uniforme si et seulement si le vecteur l de

$$A = \begin{bmatrix} 0 & 0{,}4 & 0 \\ 0{,}25 & 0{,}6 & 0 \\ 0{,}5 & 0 & 0{,}5 \end{bmatrix}$$

travail homogène est vecteur propre associé à la valeur propre dominante de la matrice A, c'est-à-dire, si ce vecteur a la structure suivante:

$$l = \begin{bmatrix} 0{,}202 \\ 0{,}371 \\ 0{,}427 \end{bmatrix}$$

cas, les vecteurs de travail homogène correspondants aux différentes étapes du processus de production sont tous proportionnels et, par conséquent, les rapports d'échange sont déterminés par les quantités de travail employées, directement et indirectement, dans la production des marchandises.

Notons que si certaines lignes de la matrice **A** sont linéairement dépendantes, les éléments respectifs du vecteur propre associé à sa valeur propre dominante ont le même type de dépendance linéaire [17].

L'uniformité de la composition en valeur du capital n'impose aucune restriction quant aux rangs des matrices des coefficients techniques et des travaux concrets. Dès lors, cette propriété d'un système économique ne représente qu'une articulation particulière entre la matrice des coefficients techniques et le vecteur de travail homogène, et ne donne aucune information sur la composition technique du capital.

Dans la littérature habituelle, l'identité de la composition technique du capital est présentée comme un cas particulier de l'uniformité de la composition en valeur, pour laquelle toutes les lignes de la matrice des coefficients techniques sont proportionnelles [18]. Si le travail n'est pas physiquement homogène, cela suppose non seulement que toutes les lignes de la matrice des travaux concrets sont proportionnelles, mais aussi que les matrices **A** et **N** ont le même type de dépendance linéaire [19]. En effet, si toutes les lignes

---

17. Si l'on a, par exemple, une matrice dont la troisième ligne est égale à la somme d'un quart de la première plus la moitié de la deuxième, comme dans le cas suivant:

$$\begin{bmatrix} 0,1 & 0.2 & 0 \\ 0,3 & 0.1 & 0.4 \\ 0.175 & 0.1 & 0.2 \end{bmatrix}$$

le vecteur propre associé à sa valeur propre dominante est:

$$\begin{bmatrix} 0.5 \\ 1.0 \\ 0,625 \end{bmatrix}$$

dont le troisième élément est égal à la somme du quart du premier plus la moitié du deuxième.

18. Dans ce cadre, un exemple d'un système où la composition technique du capital est identique dans toutes les branches est donné par la matrice des coefficients techniques et le vecteur de travail homogène suivants:

19. Une matrice des travaux concrets compatible avec le système décrit dans la note 17 est, par

$$\begin{bmatrix} 0,100 & 0,150 & 0,200 \\ 0,200 & 0300 & 0.400 \\ 0,150 & 0,225 & 0.300 \end{bmatrix} \qquad l = \begin{bmatrix} 0,222 \\ 0.444 \\ 0.333 \end{bmatrix}$$

exemple, la suivante:

$$N = \begin{bmatrix} 10 & 30 \\ 20 & 60 \\ 15 & 45 \end{bmatrix}$$

de la matrice des travaux concrets sont proportionnelles, les éléments du vecteur de travail homogène ont alors le même type de dépendance linéaire que les lignes de la matrice **N**, quelle que soit la structure des salaires. D'autre part, si toutes les lignes de la matrice des coefficients techniques sont proportionnelles, les éléments du vecteur propre associé à sa valeur propre dominante ont le même type de dépendance linéaire que les lignes de la matrice **A**.

4. Le problème

Dans le cadre de l'interprétation "classique", la validité de la théorie de la valeur de Marx présuppose que le vecteur de travail homogène est le vecteur propre associé à la valeur propre dominante de la matrice des coefficients techniques. D'ailleurs, ce vecteur doit pouvoir être exprimé comme combinaison linéaire des colonnes de la matrice des travaux concrets. La théorie de la valeur de Marx n'est donc compatible avec une technique quelconque que si ces deux conditions sont remplies.

En général, étant donnée la technique de une économie, une fois calculé le vecteur de travail homogène qui satisfait la théorie de la valeur (cf. le système [2]), l'homogénéisation des travaux à partir du rapport salarial représente formellement la résolution d'un système d'équations linéaires dont les inconnues sont les salaires des différents types de travail (cf. le système [1]).

Il s'agit alors de savoir s'il existe au moins une structure des salaires positifs qui transforme la matrice des travaux concrets en le vecteur de travail homogène requis par la théorie de la valeur, qui ne dépend que des caractéristiques de la matrice des coefficients techniques. L'existence d'une telle structure des salaires assure la compatibilité de la théorie de la valeur, interprétée à la manière "classique", avec une technique quelconque, représentée par les matrices des coefficients techniques et des travaux concrets.

Remarquons qu'il existe des techniques pour lesquelles la théorie de la valeur de Marx n'est jamais vérifiée, quelle que soit la structure des salaires. Comme on l'a vu, lorsque toutes les lignes de la matrice des travaux concrets sont proportionnelles, le vecteur de travail homogène est indépendant de la structure des salaires. Ceci étant, si le vecteur de travail homogène qui résulte de l'homogénéisation des différents types de travail n'est pas le vecteur propre de Perron-Frobenius de la matrice des coefficients techniques, la théorie de la valeur de Marx sera incompatible avec la technique en question, quelle que soit la structure des salaires [20].

---

20. Soit une économie dont la technique est définie par une matrice **A** quelconque et une matrice **N** qui suppose l'identité de la composition technique des travaux concrets; par

5. Conditions pour l'existence d'une structure des salaires positifs

Étant donnés la matrice **N** des travaux concrets et le vecteur **l** de travail homogène requis par la théorie de la valeur, le système d'équations linéaires dont les inconnues sont les salaires n'a pas toujours une solution mathématique ; et, lorsqu'il en a une, celle-ci peut ne pas être positive, auquel cas elle n'est pas économiquement acceptable [21].

L'existence d'au moins une solution mathématique dépend, d'un côté, de l'ordre et du rang de la matrice **N**, et de l'autre du rapport entre ce dernier et le rang de la matrice élargie.

Si la matrice **N** est carrée et régulière, quel que soit le vecteur de travail homogène, il existe toujours un vecteur ω unique, défini par le produit de l'inverse de la matrice **N** et du vecteur **l** donnés, mais ce vecteur ω peut ne pas être positif.

Dans tous les autres cas, -c'est-à-dire si **N** est un matrice carrée d'ordre n et de rang inférieur à n, ou si **N** est un matrice rectangulaire- la condition pour que le système d'équations ait au moins une solution est que le rang de la matrice élargie soit égal au rang de la matrice **N**. En général, si cette condition est vérifiée, le système admet une infinité de solutions, sauf si le

---

exemple:

$$\mathbf{A} = \begin{bmatrix} 0 & 0{,}4 & 0 \\ 0{,}25 & 0{,}6 & 0 \\ 0{,}5 & 0 & 0{,}5 \end{bmatrix} \qquad \mathbf{N} = \begin{bmatrix} 2 & 1 & 4 & 6 & 3 \\ 1 & 0.5 & 2 & 3 & 1.5 \\ 3 & 1.5 & 6 & 9 & 4.5 \end{bmatrix}$$

Pour faciliter les comparaisons, considérons les vecteurs de travail homogène qui représentent sa répartition entre les branches. Dans cette économie, pour que la théorie de la valeur soit vérifiée, le vecteur de travail homogène doit non seuelment avoir la structure suivante:

$$l = \begin{bmatrix} 0.202 \\ 0.371 \\ 0.427 \end{bmatrix}$$

mais il doit aussi pouvoir être exprimé comme combinaison linéaire des colonnes de la matrice des travaux concrets. Or, étant données les caractéristiques de la matrice **N**, si les différents types de travail sont homogénéisés à partir du rapport salarial, la structure du vecteur de travail homogène sera la suivante, quelle que soit la structure des salaires:

$$\mathbf{l} = \begin{bmatrix} 0.3333 \\ 0.1667 \\ 0.5 \end{bmatrix}$$

Elle diffère de celle qui est requise par la théorie de la valeur. Il s'ensuit qu'il n'existe pas dans cette économie une structure des salaires telle que la théoric de la valeurs soit vérifiée. Cette théorie n'est donc pas compatible avec la technique définie par les matrices **A** et **N** données.

21. Cette situation est illustrée dans la section I de l'Appendice.

nombre de marchandises est supérieur au nombre de travaux et la matrice **N** est de rang k, auquel cas la solution est unique.

La recherche des conditions pour avoir des solutions mathématiques économiquement acceptables revient à s'interroger sur les caractéristiques des matrices **A** et **N** qui assurent l'existence d'un vecteur ω tel que :

$$\mathbf{A}\,\mathbf{N}\,\omega = \lambda_{m(A)}\,\mathbf{N}\,\omega$$

Une condition suffisante d'existence d'un vecteur (strictement positif est que les matrices **A** et **N** sont telles que chacune des colonnes de la première est combinaison linéaire positive des colonnes de la deuxième [22]. Par ailleurs, si aucune marchandise n'est produite en n'utilisant que du travail, étant donné que la matrice **A** est non négative, sa valeur propre dominante est positive.

En effet, si la condition suffisante ci-dessus se vérifie, on a :

$$\mathbf{A} = \mathbf{N}\,\mathbf{P}$$

où **P** est une matrice semipositive. Puisque le vecteur **l** peut s'écrire :

$$\mathbf{l} = \frac{1}{\lambda_{m(A)}}\,\mathbf{A}\,\mathbf{l}$$

on obtient :

$$\mathbf{l} = \frac{1}{\lambda_{m(A)}}\,\mathbf{N}\mathbf{P}\mathbf{l}$$

Si on appelle :

$$\omega = \frac{\mathbf{P}\mathbf{l}}{\lambda_{m(A)}}$$

on en déduit :

$$\mathbf{l} = \mathbf{N}\omega$$

22. Cette situation est illustrée dans la section II de l'Appendice.

Par conséquent, si la condition suffisante ci-dessus se vérifie, il existe un vecteur de structure des salaires strictement positif qui permet d'obtenir le vecteur de travail homogène qu'exige la théorie de la valeur.

La signification économique de cette condition suffisante n'est en rien évidente car, comme on l'a déjà vu, hormis les cas de proportionnalité, l'interprétation technico-économique de la dépendance linéaire des lignes et des colonnes des matrices **A** et **N** n'est pas claire. Celle d'une dépendance entre les colonnes de ces deux matrices l'est encore moins.

6. La portée de l'interprétation "classique" de la théorie de Marx

On soutient habituellement que la théorie de la valeur de Marx, interprétée à la manière "classique", n'est valable que dans un cas particulier : celui où le vecteur de travail homogène satisfait certaines exigences qui dépendent exclusivement des caractéristiques de la matrice des coefficients techniques et qui impliquent une composition en valeur du capital uniforme dans toutes les branches. Cela suggère que, étant donnée une matrice des coefficients techniques, il est toujours possible de trouver le vecteur de travail homogène compatible avec la théorie de la valeur-travail. La portée limitée de la théorie de la valeur s'explique alors par la particularité des économies dans lesquelles la matrice des coefficients techniques et le vecteur de travail homogène se combinent d'une manière appropriée.

Cette idée est fondée sur une étude insuffisante des notions de technique, de travail homogène et de composition du capital. La définition des conditions techniques d'une économie, déduite d'une analyse de l'homogénéisation des travaux par leurs salaires, montre que l'interprétation "classique" de la théorie de Marx suppose que la matrice des travaux concrets et la matrice des coefficients techniques doivent être telles qu'il existe au moins une structure des salaires positifs permettant de transformer la première en un vecteur de travail homogène, défini comme vecteur propre de Perron-Frobenius de la deuxième. Une telle structure des salaires peut ne pas exister et la condition (suffisante) de son existence est restrictive et dépourvue de signification économique claire.

De plus, lorsque la composition technique des travaux concrets est identique dans toutes les branches, la théorie de la valeur peut s'avérer soit impossible, soit toujours valable, quelle que soit la structure des salaires. Les systèmes avec identité de la composition technique du capital constituent un exemple de ce dernier cas puisque la théorie de la valeur-travail s'y vérifie invariablement.

D'une manière générale, l'incompatibilité de la théorie de Marx, dans son interprétation "classique", avec certaines techniques est due à l'absence d'une structure des salaires positifs qui permette d'homogénéiser les différents types de travail représentés par la matrice des travaux concrets afin d'obtenir le vecteur de travail homogène que requiert la matrice des coefficients techniques.

Université Autonomopolitaine de Mexico (UAM)

APPENDICE

I. Existence et positivité de la structure des salaires

Bien que l'existence d'un vecteur de structure des salaires soit toujours garantie lorsque la matrice des travaux concrets est d'ordre n et de rang n, ce vecteur peut ne pas être positif. Par exemple, étant donnés la matrice **N** et le vecteur **l** suivants :

$$\mathbf{N} = \begin{bmatrix} 2 & 1 & 4 \\ 1 & 0 & 3 \\ 5 & 2 & 6 \end{bmatrix} \qquad \mathbf{l} = \begin{bmatrix} 0{,}202 \\ 0{,}371 \\ 0{,}427 \end{bmatrix}$$

on a le vecteur ci-dessous de structure des salaires, qui n'est pas strictement positif :

$$\boldsymbol{\omega} = \begin{bmatrix} 0{,}1622 \\ -0{,}4008 \\ 0{,}0696 \end{bmatrix}$$

Quand **N** est un matrice carrée d'ordre n et de rang plus petit que n, ou si n est une matrice rectangulaire, le système peut, soit n'admettre aucune solution, soit en admettre une infinité mais aucune strictement positive, soit admettre un nombre infini de solutions, dont certaines sont positives et d'autres ne le sont pas.

Par exemple, étant donnée la matrice des travaux concrets d'ordre 3 et de rang 2 :

$$\mathbf{N} = \begin{bmatrix} 2 & 8 & 5 \\ 1 & 4 & 3 \\ 3 & 12 & 6 \end{bmatrix}$$

trois cas peuvent se présenter :

1. Si le vecteur de travail homogène est :

$$\mathbf{l} = \begin{bmatrix} 0{,}5000 \\ 0{,}1875 \\ 0{,}3125 \end{bmatrix}$$

le système n'a pas de solution parce que l ne dépend pas linéairement des colonnes de la matrice **N**.

2. Si le vecteur de travail homogène est :

$$\mathbf{l} = \begin{bmatrix} 0,333 \\ 0,167 \\ 0,500 \end{bmatrix}$$

le système admet une infinité de solutions, mais aucune n'est strictement positive. Toutes impliquent un salaire nul pour le troisième type de travail et des salaires positifs ou négatifs pour les deux autres, comme l'illustrent les vecteurs ω_1 et ω_2 ci-dessous :

$$\omega_1 = \begin{bmatrix} 0,0556 \\ 0,0278 \\ 0 \end{bmatrix} \qquad \omega_2 = \begin{bmatrix} -0,0556 \\ 0,0556 \\ 0 \end{bmatrix}$$

3. Si le vecteur de travail homogène est :

$$\mathbf{l} = \begin{bmatrix} 0,336 \\ 0,172 \\ 0,492 \end{bmatrix}$$

le système admet un nombre infini de solutions qui peuvent être ou non strictement positives, par exemple :

$$\omega_1 = \begin{bmatrix} 0,0164 \\ 0,0328 \\ 0,0082 \end{bmatrix} \qquad \omega_2 = \begin{bmatrix} 0,0328 \\ 0,0287 \\ 0,0082 \end{bmatrix} \qquad \omega_3 = \begin{bmatrix} -0,0164 \\ 0,0410 \\ 0,0082 \end{bmatrix}$$

II. Condition suffisante pour l'existence d'une structure des salaires positifs

Soit une économie où la technique est définie par les matrices de coefficients techniques et de travaux concrets suivantes :

$$\mathbf{A} = \begin{bmatrix} 0{,}26 & 0{,}09 & 0{,}18 \\ 0{,}35 & 0{,}13 & 0{,}26 \\ 0{,}18 & 0{,}12 & 0{,}24 \end{bmatrix} \qquad \mathbf{N} = \begin{bmatrix} 2 & 1 & 5 \\ 3 & 2 & 6 \\ 1 & 4 & 3 \end{bmatrix}$$

On a $\lambda_{m(\mathbf{A})} = 0.573699.$

Les colonnes de la matrice des coefficients techniques sont une combinaison linéaire positive des colonnes de la matrice des travaux concrets, où :

$$\mathbf{P} = \begin{bmatrix} 0{,}05 & 0{,}01 & 0{,}02 \\ 0{,}01 & 0{,}02 & 0{,}04 \\ 0{,}03 & 0{,}01 & 0{,}02 \end{bmatrix}$$

Le vecteur de travail homogène compatible avec la théorie de la valeur est le vecteur propre associé à la valeur propre dominante de **A** :

$$\mathbf{l} = \begin{bmatrix} 0{,}2905 \\ 0{,}4066 \\ 0{,}3029 \end{bmatrix}$$

Puisque la matrice des travaux concrets est une matrice carrée d'ordre 3 et de rang 3, il existe un seul vecteur de salaires qui la transforme en ce vecteur de travail homogène. Celui-ci est positif parce que la valeur propre dominante de la matrice des coefficients techniques est positive et que ses colonnes sont une combinaison linéaire positive des colonnes de la matrice des travaux concrets. Ce vecteur est :

$$\boldsymbol{\omega} = \begin{bmatrix} 0{,}042287 \\ 0{,}04035 \\ 0{,}03288 \end{bmatrix}$$

BIBLIOGRAPHIE

ABRAHAM-FROIS G. et BERREBI E. (1976), *Théorie de la Valeur, des Prix et de l'Accumulation*, Économica, Paris.

BIDARD Ch. (1991), *Prix, Reproduction, Rareté*, Dunod, Paris.

BORTKIEWICZ L. v. (1906-1907), "Value and Price in the Marxian System", *international Economic Papers*, 2, 1952, pp. 5-60.

_____, (1907), "On the Correction of Marx's Fundamental Theoretical Construction in the ed. Third Volume of Capital'", in Sweezy, P. M., (ed.), (1949), *Karl Marx and the Close of his System*, New York, Kelley, pp. 199-221.

CANTILLON R. (1755), *Essai sur la Nature du Commerce en Général*, I.N.E.D., Paris, 1952.

DUMÉNIL G. (1980), *De la Valeur aux Prix de Production*, Économica, Paris.

KEYNES J.M. (1936), *Théorie Générale de l'Emploi, de l'Intérêt et de la Monnaie*, Payot, Paris, 1966.

KLIMOVSKY E. (1993), "Travail Salarié Concret et Abstrait : Deux Critères Classiques d'Homogénéisation du Travail", *Cahiers d'Économie Politique* n. 26, 1996, pp. 165-181.

KURZ H. D. et SALVADORI N. (1995), *Theory of Production*, Cambridge University Press, Cambridge.

MEDIO A. (1972), "Profits and Surplus-Value : Appearance and Reality in Capitalist Production", in Hunt E. K. et Schwartz J. G. (eds), (1972), *A Critique of Economic Theory*, Penguin Books, 1973.

MORISHIMA M. (1973), *Marx's Economics*, Cambridge University Press, Cambridge.

PASINETTI L. (1973), *Lezioni di Teoria della Produzione*, Il Mulino, Bologne.

RICARDO D. (1821), *Principes de l'Économie Politique et de l'Impôt*, Calmann-

Lévy, Paris, 1970.

SMITH A. (1776), *La Richesse des Nations*, Flammarion, Paris, 1991.

STEEDMAN I. (1977), *Marx after Sraffa*, New Left Books, Londres.

_____, (1985), "Heterogeneous Labour, Money Wages, and Marx's Theory", *History of Political Economy*, n. 17, pp. 551-574.

THÉORIE DES PRIX ET LIBERTÉ D'EXPORTATION DU BLÉ CHEZ QUESNAY: UNE INTERPRÉTATION*

Loïc CHARLES

Résumé

Cet article montre que l'interprétation courante, tant historique qu'analytique, de la théorie de la libéralisation du commerce des grains de Quesnay n'est pas satisfaisante. Après avoir détaillé le contexte intellectuel de ses premiers articles, on présentera le mécanisme de l'égalisation des prix du blé et du rapprochement des prix moyens du vendeur et de l'acheteur qui sont, pour Quesnay, les principales conséquences de la dérégulation : il permet l'enrichissement du fermier sans léser le consommateur. Ce gain est permis, d'après l'interprétation de Gianni Vaggi, parce que l'intermédiaire (le commerçant), soumis à la libre concurrence, voit son profit se réduire jusqu'à disparaître. Le texte de Quesnay indique cependant une autre interprétation qui néglige le rôle de l'intermédiaire. Il sera mis en évidence que la difficulté de la présentation de Quesnay réside dans le fait qu'il existe deux effets distincts produits par la libéralisation - égalisation des prix et augmentation du prix de l'année normale - qu'il ne sépare pas clairement, se référant à la seule "égalisation des prix".

Abstract: The Role of Freedom of Grain Trade in Quesnay's Theory of Prices

This paper will show that the current historical and analytical interpretations of

---

* Ce texte est la version modifiée d'une communication qui a été présentée au premier colloque de la Société Européenne d'Histoire de Pensée économique (Marseille 27 février-2 mars 1997). Je remercie Philippe Bazard et Christine Théré pour leurs commentaires sur une première version de texte. Je voudrais remercier, plus particulièrement, Gianni Vaggi et Philippe Steiner qui ont contribué de manière décisive par leurs remarques, questions et suggestions à l'amélioration de ce travail.

Quesnay's theory of the liberalization of grain trade has major shortcomings. The first point will focus on the historical roots of Quesnay's analysis. Then, I will present the mechanism of the equalization of grain's market prices which allowed a raise of the farmer's net revenue without making the consumer pay for it. According to the commentators, the liberalization by making the competition tougher for the middle-men (traders) brings down their profit to zero. Nevertheless, this interpretation lacks textual evidence. It will be shown that Quesnay's writings leave the door open for another interpretation of the mechanism which does not consider the role of the trader. It is based on the idea that Quesnay's theory of liberalization relies on two different arguments - the equalization of prices and the raise of the corn's market price in the normal year - which he calls merely, and mistakenly, "equalization of prices".

Classification JEL: B110

La plupart des travaux récents [1] sur Quesnay se sont concentrés sur le *Tableau économique* et sur la problématique de la croissance. Par contre, l'étude de l'origine de cette croissance a été négligée. Certes, il est établi, depuis fort longtemps, que Quesnay voyait dans l'établissement de la loi de la libre exportation du blé la mesure décisive, l'étape nécessaire vers le retour à la prospérité. Néanmoins, il n'existe pas, à notre connaissance - exception faite du travail de Gianni Vaggi dont nous rendons compte plus loin - d'étude précise des modalités par lesquelles, Quesnay établit le lien entre le changement de législation, et l'apparition de la croissance.

Cela est d'autant plus regrettable, qu'en traitant de l'épineuse question de la libéralisation du commerce des grains dans ses premiers textes économiques, Quesnay prenait place dans un débat entamé depuis plusieurs années.

Une étude rapide des écrits immédiatement antérieurs au premier écrit économique de Quesnay (1756) montrera qu'il faut reposer la question de la singularité de l'analyse de Quesnay, traditionnellement admise *de facto*. En effet, il n'a pas été à l'origine du mouvement d'opinion en faveur la libéralisation du commerce des grains. De plus, et c'est un résultat plus surprenant, l'articulation conceptuelle du plaidoyer de Quesnay en faveur de la liberté, basée sur la productivité particulière de l'agriculture, et sur le rôle de l'égalisation des prix, était courante dès 1754. L'originalité de la théorie du docteur n'est, cependant, pas mise en doute, mais elle se caractérise par une exigence et une cohérence théorique sans précédent, plutôt que par le choix de son

1. Les auteurs auxquels nous pensons sont : J. Cartelier, W. Eltis, R. Meek, G. Vaggi. Pour une bibliographie récente des travaux sur Quesnay : (Cartelier 1991, éd., pp. 431-44).

objet d'étude. Les prédécesseurs de Quesnay donnent des avis, des conseils, qui peuvent, certes, reposer sur une analyse plus ou moins succincte mais, plus fondamentalement, l'ambition du Docteur, qui a été de vouloir théoriser rigoureusement la politique économique du royaume à partir d'un certain nombre de propositions ou hypothèses considérées comme évidentes, leur est étrangère. Or, c'est cette dernière qui se situe à l'origine de la constitution de l'économie politique en corpus de connaissances à caractère scientifique.

Ce point acquis, nous présenterons l'argumentation de Quesnay en faveur de la libéralisation, et l'interprétation qui en a été faite par les différents commentateurs[2]. L'idée fondamentale de Quesnay est que la libéralisation augmente le revenu net du fermier, sans provoquer la hausse du prix moyen du blé payé par le consommateur. Ce phénomène, Quesnay l'explique par l'égalisation du prix courant du blé autour du prix international (18£), qui suit nécessairement l'établissement du libre commerce. Néanmoins, Quesnay reste très imprécis sur l'origine du revenu net supplémentaire du fermier : il n'est pas pris sur celui du consommateur, certes, mais alors d'où vient-il ?

La lecture des textes de maturité de Quesnay semble apporter une réponse précise: ce revenu supplémentaire du fermier est obtenu aux dépens du commerçant. La concurrence accrue, engendrée par la libéralisation, oblige en effet ce dernier à comprimer son gain. C'est donc, affirme G.Vaggi, l'origine de l'augmentation du produit net du fermier constatée dans les commentaires des tableaux de "Grains" et "Hommes".

Cet article conteste cette interprétation. En effet, nous montrerons qu'il faut distinguer deux types de justification économique de la libéralisation du commerce des blés dans l'œuvre de Quesnay : une première argumentation constituée par le commentaire des deux tableaux de "Grains" et "Hommes", et, une seconde, embryonnaire dans ces textes de "jeunesse", mais qui est au cœur de ceux des années 1760 : c'est la baisse du gain du commerçant. Par conséquent, il est faux de lire les tableaux au prisme de la seconde problématique, puisqu'elle n'apparaît pas dans les explications que Quesnay a jointes à ceux-ci. Cela laisse donc la place à une interprétation des tableaux de "Grains" et "Hommes" qui ne reposerait pas sur le transfert d'une partie du revenu des commerçants à la classe productive.

Ce sera l'objet du développement final de l'article : il sera mis en évidence qu'il existe une combinaison de deux mécanismes simultanés dans le commentaire de Quesnay : Le mécanisme de l'égalisation des prix, mais aussi, la hausse du prix du blé sur le marché intérieur due à l'ouverture sur

2. Nous nous référons ici aux analyses de Weulersse (1910, pp.519-20), Labrousse (1970, pp. 373-6) et surtout G. Vaggi (1983) et (1987, pp. 58-76).

l'extérieur. Le fermier a désormais la possibilité de vendre son blé au consommateur étranger : le consommateur français doit donc accepter de le payer au prix du marché international les années normales ou abondantes. L'intuition brillante de Quesnay est d'avoir escamoté cette dualité, en considérant uniquement le prix moyen (moyenne arithmétique des prix annuels) payé par le consommateur, qui, lui, n'augmente presque pas, suite à la disparition des chertés lors des mauvaises récoltes.

1. Préliminaires

1.1. Naissance d'une controverse

Lorsque les articles de Quesnay sont publiés dans les tomes 6 et 7 de l'*Encyclopédie*, en 1756-57, le débat sur la libéralisation du commerce des blés est déjà extrêmement vif. Ce fait historique très simple a été masqué par la prééminence théorique que Quesnay a acquise, par rapport à ses contemporains. Ainsi, l'influence que ces écrits ont pu exercer sur Quesnay, en particulier dans ses premiers écrits économiques, a été presque constamment passée sous silence.

Or, la note 23 de l'article "Grains": "L'exportation ne doit pas cependant être illimitée ; il faut qu'elle soit, comme en Angleterre, *interdite*, lorsque le blé passe un prix marqué par la loi. L'Angleterre vient d'essuyer une cherté, parce que le marchand est contrevenu à cette règle par des abus et des monopoles que le gouvernement a tolérés, et qui ont toujours de funestes effets dans un état qui a recours à des ressources si odieuses ; ainsi la nation a éprouvé une cherté dont l'exportation même l'avait préservée depuis plus de soixante ans" (Quesnay 1757a, p. 494 ; italiques ajoutées), par exemple, ne peut s'expliquer sans faire référence au contexte intellectuel dans lequel Quesnay écrivait. En effet, les précurseurs que Quesnay se reconnaît, puisqu'il les cite dans ses article de l'*Encyclopédie*, parfois longuement, ne disposant pas d'une théorie économique systématique qui justifie le libre-échange illimité, sont tous partisans, par prudence politique, d'admettre, comme en Angleterre, un prix plafond au-dessus duquel il sera interdit d'exporter.

3. *Histoire de l'analyse économique* de J. Schumpeter est le seul manuel à faire référence à quelques-uns des précurseurs de Quesnay... pour leur dénier un quelconque apport analytique ! Cf. (Schumpeter 1954, 509-10).

Ces auteurs cités par Quesnay sont : Herbert, auteur de l'*Essai sur la police générale des grains* [4], Plumart de Dangeul et ses *Remarques sur les avantages et les désavantages de la France et de la Grande-Bretagne* [5], et François de Vivens *Observations sur divers moyens de soutenir et d'encourager l'agriculture* [6]. Mais ces ouvrages, abondamment diffusés à l'époque et connus des historiens, pour les deux premiers, nous ont paru insuffisants pour mesurer l'enracinement des premiers écrits de Quesnay dans une controverse précise, la libéralisation du commerce des grains français, et de ce que ceux-ci doivent à celle-là. Pour mieux en rendre compte, nous avons utilisé le *Journal Œconomique* comme source d'information complémentaire.

C'est, en effet, le premier périodique français (Steiner 1996, p. 34) qui, à partir de 1751, s'est donné pour objectif éditorial le traitement de questions économiques[7]. Néanmoins, il accueille dans ses colonnes les sujets les plus divers, et l'économie politique [8] n'y a presque aucune place avant 1754. Le seul ouvrage à caractère économique qui y a été discuté est la médiocre *Dissertation sur le commerce* du Marquis de Belloni (Mars 1751, pp. 93-121), réfutée par le marquis d'Argenson dans le numéro de juin 1751 (pp. 130-49), où l'ancien ministre apparaît comme un franc partisan de la liberté du commerce. Les deux années suivantes n'offrent plus rien d'intéressant à nos yeux.

Ce n'est que dans le numéro de novembre 1753 qu'est inséré un "Mémoire sur les bleds" du médecin Le Camus. Il faut noter - la coïnciden-

4. La première édition date de 1753, c'est un opuscule de 53 pages, mal imprimé, sans indication d'auteur, ni privilège. Il sera réédité de nombreuses fois (6 éditions de 1753 à 1757). Il devient à partir 1754 (la quatrième) un gros livre de plus de 400 pages qui comporte de nombreuses différences avec la première édition : en particulier, le plaidoyer en faveur de la liberté du commerce des grains y est plus ferme. L'édition de référence est celle de Berlin (1755). Elle a été rééditée en 1910, avec une introduction d'Edgard Depitre qui contient de nombreux renseignements utiles.

5. (Quesnay 1757a, p. 493) pour Herbert, *ibid.* p. 471 et pp. 493-4 pour Plumart de Dangeul (John Nickolls) et (Quesnay 1757b, p. 543) pour Vivens.

6. On note aussi la présence des deux derniers ouvrages cités dans l'inventaire après décès de la bibliothèque de Quesnay.

7. Le sous-titre en est "Mémoires, notes et avis sur les arts, l'agriculture, le commerce, et tout ce qui peut avoir rapport, ainsi qu'à la conservation et à l'augmentation des biens de familles, etc." Le "plan du journal" indiqué par son éditeur précise : "Tel est le caractère de la simple et sage œconomie qui par le moyen de l'agriculture, des arts et du commerce nous procure une pleine abondance de richesses et toutes les commodités de la vie" (*Journal Œconomique*, janvier 1751, p. 4). Sa publication est mensuelle, et dure de 1751 à 1772. Dans la suite de l'article, il sera simplement noté *Journal*.

8. Au sens que donneront les physiocrates, utilisé aussi par les classiques, à ce mot. Pour une discussion des acceptions du mot "économie" à l'époque, et dans le *Journal Œconomique* en particulier, Cf. Steiner 1996.

ce n'est pas fortuite - que l'*Essai* d'Herbert avait paru deux mois auparavant (Herbert 1755, p. XXV). Le "Mémoire" reproduit fidèlement les consignes officielles, et les conceptions traditionnelles du commerce des grains [9]. Il semble d'ailleurs que ce soit l'opinion générale de la rédaction du *Journal* car, au mois de février 1754, elle insère, sans nom d'auteur, une "Réflexion sur un nouvel écrit intitulé : *Essai sur la police générale des grains*", très critique à l'égard d'Herbert. Le discours traditionnel sur les grains y est réaffirmé contre ce dernier (*Journal*, février 1754, pp. 116-7) : "Il résulte de l'essai nouveau sur les grains, 1° qu'il ne peut y avoir de monopoles sur les blés ; 2° que les traites de provinces en provinces ne devraient pas être gênées ; 3° que l'exportation des grains hors du royaume devraient être absolument permise. A cela nous répondons, que les monopoles sur les blés ne sont ni une chimère, ni un préjugé ; mais les monopoleurs sachant qu'ils sont dignes de la haine publique et de la vengeance de l'état, cachent si bien leur manoeuvre, qu'il est fort difficile de l'apercevoir, ou de la regarder comme injuste et frauduleuse."

Cet article va provoquer une réaction immédiate des lecteurs du *Journal* favorables à Herbert. C'est tout d'abord d'Argenson [10] qui reprend la plume dans le numéro de juin 1754 (pp. 79-82) pour y affirmer : "je n'ai qu'un système sur le commerce, c'est de laisser faire le public, et de ne point diriger le commerce" (p. 81). Un autre article favorable à la liberté, anonyme, d'intérêt théorique paraît en juillet (pp. 58-80) [11]. Ensuite, un an passe sans apports

9. "S'il était juste que les laboureurs récompensés de leurs soins par une moisson abondante, songeassent et à leurs besoins propres et à l'établissement de leur famille, il était juste aussi que l'état, par sa vigilance et sa protection accordée dans ce moment nécessaire, pourvût au bien-être de toute la société. De là les lois n'ont pas voulu qu'il fût permis à des laboureurs mauvais ménagers de se ruiner par des ventes anticipées et prématurées de leurs récolte [...] elles ont pris de sages mesures en faveur du public contre toutes les mauvaises pratiques qui auraient pu être mises en usage pour en détourner l'abondance et en augmenter le prix. [...] De là rejaillit encore un bien pour le public, à qui par cette police l'on évite de tomber dans les mains des usuriers, étant bien certains que quelques marchands ne font ces sortes d'achats que pour garder les grains, en cacher l'abondance et en faire augmenter le prix" (Journal, nov. 1753, p. 138).

10. L'article qui précède la lettre de d'Argenson a été attribué à ce dernier par P. Steiner qui l'a réédité dans Klotz, éd., (1995, pp. 45-54), la pagination indiquée dans ce travail est celle de cette édition. En réalité, cet article, intitulé "Arguments en faveur de la liberté du commerce des grains" (*Journal*, pp. 64-79) est un simple "copier-coller" du livre d'Herbert (première édition). L'éditeur du *Journal*, qui est l'auteur de cette remise en page, a supprimé les paragraphes où Herbert détaillait l'évolution de la législation française (la police) depuis Charlemagne, ainsi que certains passages, où Herbert admettait des dérogations au principe de liberté ; il y a ajouté la lettre de d'Argenson qui n'est donc pas l'auteur du résumé. Par convention, nous désignerons néanmoins ce texte par d'Argenson (1754).

11. On y trouve notamment une énonciation primitive de la théorie classique du salaire (*Journal*, juillet 1754, p. 78).

précis sur cette question, et c'est la réédition en 1755 de l'*Essai* qui va raviver la question des blés dans les colonnes du *Journal*. La discussion ne porte plus alors sur le bien-fondé, ou non, de la libéralisation, mais sur ses modalités : sa nécessité pour la rédaction ne fait plus de doute [12].

1.2. L'analyse économique de la libéralisation du commerce des blés avant Quesnay

Puisqu'il est avéré que le mouvement en faveur de la liberté d'exporter le blé précède les premiers écrits de Quesnay, il est intéressant de compléter cette remarque en étudiant, dans quelle mesure, les idées développées par ces auteurs favorables à la liberté, seront insérées dans l'argumentation de Quesnay. Je vais détailler quelques aspects de leur réflexion économique - trois textes me serviront de "fil rouge": Herbert (1753 et 1755) et l'anonyme du *Journal* (juillet 1754) - en les reliant aux concepts utilisés par Quesnay dans son plaidoyer en faveur de la libéralisation et, en premier lieu, la productivité exclusive de la terre.

L'anonyme (*Journal*, juillet 1754, p. 60, cf. aussi p. 58) affirme : "Comme la production du sol est la première source d'abondance, c'est elle qui mérite les premières réflexions et les encouragements les plus utiles". Herbert est encore plus *physiocratique* : "Les fruits de la terre sont les richesses les plus réelles des nations. Tout ce que l'art sait ajouter à la nature ne produit que des richesses de convention, sujettes à la vicissitude des temps et aux caprices des usages. C'est toujours de cette source féconde que coulent tout les biens dont nous jouissons, et elle ne peut s'altérer sans causer des dérangements dans toutes les parties du gouvernement" (Herbert 1753, p. 3 ; 1755, p. 1 ; d'Argenson 1754, p. 45 ; cf. aussi Herbert 1753, p. 34 ; 1755, pp. 104-5) [13]. Ces citations ne sont pas isolées, elles participent d'une conception où la terre est à l'origine de toute richesse.

Si l'on se tourne vers la question de la libéralisation, la filiation est aussi évidente. L'idée essentielle chez Quesnay de l'effet néfaste de la grande

12. Dans l'avant-propos de l'éditeur pour l'année 1755, on lit : "En 1742, on présenta à M. le contrôleur général des finances, un mémoire sur les bleds avec un projet d'édit pour maintenir en tout temps la valeur des grains à un prix convenable au vendeur et à l'acheteur. Cet écrit a été réimprimé en 1748. L'auteur lumineux de l'*Essai sur la police des grains*, publié en 1753, a établi d'excellents principes sur la même matière" (*Journal*, janvier 1755, p. 18).

13. A comparer par exemple avec le premier paragraphe de "Fermiers" (Quesnay 1756, p. 427) : "[Les] Fermiers sont ceux qui afferment et font valoir les biens des campagnes, et qui procurent les richesses et les ressources les plus essentielles pour le soutien de l'état ; ainsi l'emploi du fermier est un objet très important dans le royaume, et mérite une grande attention de la part du gouvernement".

variabilité des prix a été clairement mise en avant par Herbert [14]: "L'on a déjà dit que le bas prix des grains était aussi nuisible que leur extrême cherté." (Herbert 1753, p. 34 ; d'Argenson 1754, p. 51), et tout particulièrement "leur avilissement a des suites trop dangereuses, pour ne pas répéter que dans les années où le cultivateur ne trouve pas par la vente de ses grains de quoi se remplir de ses avances, payer ses engagements et satisfaire aux charges de l'état, il est impossible qu'il continue ses travaux" (ibid.) [15]. C'est là l'idée fondamentale dont Quesnay s'emparera pour, dès l'article "Grains", la mettre au cœur de son plaidoyer en faveur de la libéralisation du commerce des blés : sans liberté du commerce, l'abondance appauvrit le fermier qui vend son grain à un prix trop faible, puisqu'il n'a pas le droit de l'exporter. Au contraire, la libre exportation, en provoquant l'égalisation du prix des grains, permettra au cultivateur d'obtenir un revenu supérieur au coût de production, dans les bonnes comme dans les mauvaises années.

Quel enseignements peut-on extraire de ces quelques réflexions pour interpréter historiquement l'analyse de Quesnay ? Tout d'abord, elles nous obligent à mettre en doute l'opinion, couramment admise, de la singularité de Quesnay par rapport à son époque. En effet, les écrits contemporains montrent (1) que la controverse sur les blés n'est pas exclusive à Quesnay (Weulersse 1910, pp. 546-8) et (2) que la plupart des éléments de la doctrine de Quesnay, considérés par de nombreux économistes comme originaux, sont déjà discutés longuement à partir de 1753 en des termes proches de ceux des premiers écrits économiques de Quesnay. Ce qui (3) remet en cause l'image d'un Quesnay influencé presque exclusivement par l'économie politique anglaise, ou l'Angleterre [16] de manière générale. Les articles économiques écrits pour l'*Encyclopédie* nous montrent, au contraire, que sa pensée était nourrie d'un débat public dont les échos parvenaient sans peine

---

14. Et d'autres avant lui, en particulier Boisguilbert, mais l'objectif ici n'est pas de tracer l'origine du concept mais comment son utilisation et son développement par Quesnay s'est inscrit dans une controverse précise et historiquement datée. Dans cette optique, le fait que Quesnay ne cite, ni directement, ni indirectement Boisguilbert dans ses articles de l'*Encyclopédie* mais se réfère, comme nous l'avons noté plus haut, aux textes étudiés ici me semble justifier le choix effectué.

15. Même idée dans le *Journal* (juillet 1754, p. 66) : "les années fertiles pourront paraître bonnes pour le peuple, mais elles ne peuvent l'être pour le fermier, s'il n'a pas la liberté de disposer de son bled ; il vend à bon marché l'objet de sa consommation, mais le surplus qu'il ne peut vendre lui devient un fardeau onéreux, lui coûte même des dépenses extraordinaires ; il en résulte qu'il ne peut plus avancer les frais d'une culture ordinaire, et qu'il n'ensemence pas une si grande quantité de terres [...] c'est ainsi que l'abondance même devient contraire à la culture, et diminue les récoltes ; le bled qu'on avait gardé devient en pure perte pour l'état".

16. Fox-Genovese (1976, pp. 53-4, p. 110 et p. 125). Il semble que Quesnay ne lisait pas l'anglais, comme l'atteste l'absence d'ouvrage dans cette langue dans son inventaire après décès.

jusqu'à sa retraite versaillaise.

Il faut, néanmoins, éviter de conclure, par une généralisation hâtive, que Quesnay ne fait que reprendre des conceptions présentes dans des écrits antérieurs. Les principes généraux de ses contemporains (la terre comme principale, voire unique source de richesse, l'égalisation des prix à attendre de la liberté du commerce des grains) deviennent, sous sa plume, des catégories analytiques précises. Aussi, contrairement à ses prédécesseurs, Quesnay n'admet plus les cas particuliers dans sa théorie. Son analyse, d'ailleurs, se systématise de 1756 à 1767, essayant d'annihiler peu à peu toute contradiction interne ; ce qui confirme que l'ambition de Quesnay a été de construire un système théorique. Ce changement est parfaitement illustré par l'usage qu'il fait des statistiques économiques. Confronté aux mêmes sources qu'Herbert (l'*Essai sur les monnaies* de Dupré de Saint Maur), ils en font une utilisation essentiellement différente. Herbert (1755, pp. 46-53) recopie rigoureusement, mais en n'y apportant qu'une analyse très succincte, les tables des prix du blé alors que Quesnay n'utilise guère que quelques chiffres, préférant renvoyer au livre lui-même. Par contre, il cherche à dévoiler le fonctionnement du mécanisme du prix du blé dans les deux tableaux qu'il insère dans "Grains" et "Hommes": on est passé de l'assemblage des cas particuliers à la mise en place d'une théorie.

Aussi l'apport de Quesnay n'est pas, comme cela a parfois été affirmé, d'avoir utilisé des données plus fiables, plus nombreuses ou mieux construites que ses contemporains [17], mais d'avoir su tirer de ces données des faits stylisés, d'avoir construit une théorie cohérente de la libéralisation du commerce des blés pour justifier sa prise de position en faveur de cette dernière, ce qu'aucun de ses précurseurs immédiats n'avait su ou voulu faire.

2. Liberté du commerce et prix du blé chez Quesnay : un bilan

2.1. Le mécanisme de l'égalisation des prix de Quesnay

Lorsque Quesnay aborde le problème de la libéralisation du commerce des grains, ce n'est plus, comme on vient de le voir, faire œuvre de pionnier, que de se prononcer en faveur de la liberté. L'intuition originale de Quesnay va néanmoins renouveler profondément le débat. Il synthétise son argumen-

17. Fox-Genovese (1976, p. 54) le caractérise comme "un grand historien des faits économiques" ce qui est contestable. Meek (1962, pp. 378-81) et Vaggi (1987, p. 12) semblent la rejoindre sur ce point. Les contemporains de Quesnay, Turgot y compris, avaient une opinion différente et critiquent la propension de Quesnay et de ses disciples à ne pas prendre suffisamment les faits en compte.

tation sous la forme de deux tableaux [18], reproduits ci-dessous. L'enjeu est d'arriver à prouver que la libéralisation permettra d'augmenter le revenu des fermiers (les vendeurs) sans léser l'acheteur de blé, c'est-à-dire la grande majorité de la population. Un tel résultat est obtenu, selon Quesnay, par l'égalisation des prix courants du blé (Vaggi 1987, p. 64). Ce résultat est fondamental pour la défense du libre commerce, car il permet d'annihiler la critique majeure des adversaires de la liberté : la libéralisation fera augmenter le prix du blé pour le peuple. Quesnay dépasse cette critique en montrant que la liberté n'augmentera pas le prix moyen (constaté sur les bonnes et les mauvaises années) du blé pour le consommateur.

État des prix du blé en France où l'exportation des grains est défendue.

Années	Setiers par arpent	Prix du setier (£)	Total par arpent (£)	Frais, taille et fermage par arpent chaque année
Abondantes	7	10	70	74 £
Bonnes	6	12	72	74 £
Médiocres	5	15	75	74 £
Faibles	4	20	80	74 £
Mauvaises	3	30	90	74 £
5 années	25	87	387	370 £

État des prix du blé conformément aux effets de l'exportation en Angleterre.

Années	Setiers par arpent	Prix du setier (£)	Total par arpent (£)	Frais, taille et fermage par arpent chaque année
Abondantes	7	16	112	74 £
Bonnes	6	17	102	74 £
Médiocres	5	18	90	74 £
Faibles	4	19	76	74 £
Mauvaises	3	20	60	74 £
5 années	25	90	440	370 £

18. Ils apparaissent pour la première fois dans "Grains", puis sous leur forme définitive dans "Hommes", resté inédit jusqu'en 1908. Les tableaux et les explications de Quesnay de "Hommes" ont cependant été imprimés plusieurs fois de son vivant : dans le chapitre "Débit des grains" de Pattullo (1758) - trois éditions 1758, 1759 et 1765 - très probablement avec l'aide de Quesnay ; dans Piarron de Chamousset (1759) - avec un commentaire assez différent dans la forme - qui a probablement été emprunté à Pattullo sans le citer et dans "Examen de l'Examen" (Quesnay [?] 1768) qui reproduit nommément le texte de Pattullo. Sur les rapports de ces textes entre-eux et l'identité de leurs auteurs, cf. Zapperi (1972 : 135, 144-148). Les tableaux reproduits dans cet article sont identiques à ceux de Hommes (Quesnay 1757b, pp. 532-3).

Les deux tableaux décrivent les conséquences pour l'acheteur et le fermier (vendeur) de blé de la libéralisation du commerce. Pour les mettre en évidence, Quesnay construit, à partir des données de ces tableaux, deux catégories de prix : le prix commun de l'acheteur et celui du vendeur. Le prix commun de l'acheteur est la moyenne arithmétique des prix des cinq années : soit 17,4£ d'après le premier tableau et 18£ d'après le second. L'acheteur de Quesnay consomme en effet toujours la même quantité de blé : 3 setiers, que les années soient abondantes ou non [19].

Le prix commun du vendeur [20] est la moyenne arithmétique des prix pondérée par les quantités produites (et vendues) : 15,48£ d'après le premier tableau et 17,6£ d'après le second [21]. On peut aussi la présenter comme la recette annuelle brute par arpent de la culture du blé pour le fermier. Le prix étant faible les bonnes années, celles-là même où les quantités produites et vendues par le fermier sont maximales, et, inversement, étant fort lorsqu'il vend peu, son prix commun est inférieur à la moyenne arithmétique simple (le prix commun de l'acheteur).

Le mécanisme qui rapproche le prix commun du vendeur de celui de l'acheteur repose arithmétiquement sur l'égalisation des prix - pour Quesnay la conséquence nécessaire de la libéralisation du commerce - qui fait que la moyenne pondérée par les prix (le prix commun du vendeur) se rapproche de plus en plus de la moyenne simple, au fur et à mesure que les disparités des prix du blé, des bonnes et des mauvaises années, s'estompent. Il en résulte que le revenu net du fermier, additionné sur les 5 années, passe de 17£ à 70£, soit une progression d'environ 300% alors que le prix à la consommation n'a augmenté que de 3,5%, ce qui est négligeable (notons néanmoins que le prix de l'année médiocre - i. e. l'année normale - subit une hausse plus franche : de 15 à 18£ soit 20%).

L'idée paraît simple, elle l'est effectivement d'un point de vue mathématique, mais au plan économique la présentation de Quesnay pose plusieurs difficultés d'interprétation :

1. Que recouvrent les catégories de "vendeur" et d'"acheteur"? Est-ce que ce sont des individus représentatifs ou symbolisent-ils simplement la

19. "Le prix commun de l'acheteur qui n'achète toujours chaque année que la même quantité de blé pour sa consommation, ne se forme que du résultat de la variété des prix de plusieurs années" (Quesnay 1757b, p. 531 ; Pattullo 1758, pp. 229-30).

20. "Mais le prix commun du vendeur qui ne recueille et ne vend pas chaque année la même quantité de blé se forme du résultat des différentes prix et des différentes quantités inégales du blé vendu à différents prix dans une suite d'années diffère de celui de l'acheteur qui résulte des quantités égales de blé achetés dans une même suite d'années" (*ibid.*).

21. Pour le détail des calculs, cf. Vaggi (1987, pp. 64-6 et pp. 74-5) et Steiner (1994, pp. 232-8).

moyenne des quantités achetées et vendues par an, divisées respectivement par le nombre d'acheteurs, et par le nombre d'arpents cultivés ?

2. Comment se comblent les écarts entre une consommation qui semble rester stable, alors que la vente (production) semble fluctuer suivant l'abondance de la récolte ?

3. A quoi doit-on attribuer l'égalisation des prix du consommateur et de l'acheteur ? A la baisse du gain d'un intermédiaire entre producteur et consommateur, ou aux mouvement internationaux potentiels et réels du blé, qui empêcheraient qu'ils s'écartent trop du "prix du marché général"?

4. Si le revenu net supplémentaire du fermier n'est pas obtenu aux dépens du consommateur, quelle est son origine ?

2.2. La libéralisation du commerce et la disparition du gain du commerçant

L'intérêt de l'interprétation de Gianni Vaggi apparaît clairement, au regard des interrogations formulées ci-dessus. Elle propose une explication complète, et logiquement cohérente de celles-ci. Elle repose fondamentalement sur l'idée que les deux prix communs - du vendeur et de l'acheteur [22] - sont les prix moyens constatés sur deux types de marchés : un marché de gros, où le vendeur cède son grain au négociant-détaillant ; et un marché de détail où ce négociant-détaillant vend le blé au consommateur [23]. Cet intermédiaire occupe donc un rôle essentiel, et ce, d'autant plus, si l'on considère que les quantités échangées sur les deux types de marchés diffèrent, car son rôle est alors d'équilibrer les quantités entre ces deux types de marchés.

Sur le marché dc détail, les quantités échangées sont toujours identiques [24] : la demande agrégée de blé des consommateurs ne varie pas. Ici, une hypothèse est nécessaire : la stabilité de la demande du consommateur indiquée par Quesnay dans ses commentaires des tableaux (3 setiers) est généralisée à la demande globale. Ce qui, au sens strict, signifie que le nombre d'acheteurs ne change pas. Par contre l'offre de blé des fermiers-vendeurs varie puisqu'il y a de bonnes et de mauvaises saisons (Vaggi 1987,

---

22. Vaggi utilise les termes "prix de vente de la première main" ou "prix courant" pour le prix commun du vendeur et "prix de vente de la seconde main" ou "prix dc détail" pour le prix commun de l'acheteur.

23. "The current price is the price that the merchants pay either to the artisans or to the farmers, the direct producers of commodities, and it coincides with the concept of price in the sales at first-hand. [...] The retail price refers to the market value which is paid by the consumer on the retail market. The two notions refer to different act of exchange, and the merchants are the middlemen between the two markets" (Vaggi 1987, p. 63, cf. aussi 1983, p. 3).

24. "Therefore the quantity exchanged on the retail market is always the same" (Vaggi 1987, p. 65 ; 1983, p. 7)

p. 65 ; 1983, p. 7). On répond ainsi au premier point évoqué : le nombre d'acheteurs et de vendeurs étant stable, les tableaux présentent une image stylisée de l'offre et de la demande *globale* de blé. C'est alors le rôle de l'intermédiaire, le négociant-détaillant, de faire coïncider quantités offertes et demandées qui, d'après la lecture que le professeur Vaggi fait des tableaux, sont différentes (à part pour l'année médiane). Comment le commerçant procède-t-il ?

Il achète le grain au fermier lors des années abondantes : celui-ci - par défaut de demande, l'exportation étant prohibée - est forcé de lui céder à bas-prix, le commerçant peut ainsi constituer des stocks à faible coût. Ces stocks, le marchand les écoule à un prix élevé, auprès des consommateurs, lors des années de mauvaise récolte. Il possède donc un avantage transactionnel sur le consommateur et sur le producteur [25]. Deux causes expliquent le pouvoir de négociation du commerçant : le manque de capitaux des fermiers - qui les empêche de stocker eux-mêmes le blé - et la faible concurrence entre les commerçants due à l'interdiction d'exporter (Vaggi 1987, p. 70). Le négociant achète donc le blé au prix du vendeur, et le revend au prix du consommateur. Il réalise donc un gain net égal à la différence entre ces deux prix, soit 1,92£ par setier sur la moyenne des cinq années, l'exportation étant interdite.

Le rôle de l'exportation sera donc de réduire cette marge, en attaquant simultanément les deux causes du mal : (1) en augmentant le prix du vendeur, elle grossira les avances du fermier d'un revenu qui est confisqué au négociant, et (2) la concurrence des marchands étrangers obligera les marchands français, à offrir des prix plus élevés aux fermiers les années abondantes, et à limiter l'augmentation des prix de détail en cas de mauvaise récolte. Dans ces conditions, le gain du commerçant rétrécit comme une *peau de chagrin* : il n'est plus que de 0,4£ par setier (Vaggi 1987, p. 75). Les prix du vendeur et de l'acheteur se rapprochent donc d'autant, puisque leur différence est le gain de l'intermédiaire. Cela répond aux points 3 et 4 qui avaient été soulevés : l'égalisation des prix s'explique par la suppression du gain de monopole du commerçant, et le revenu supplémentaire de la classe des fermiers est capturé au détriment de la seule classe des commerçants. Le consommateur voie sa position à peu près inchangée : il paye le blé à un prix moyen légèrement plus élevé, mais n'a plus à subir les disettes récurrentes.

Donc, l'idée centrale de cette interprétation est que les bénéfices de la libéralisation du commerce des grains, pour Quesnay, se résument à un

---

25. "the merchants take advantage of their privileged position in the process of circulation, and gain at the expense of both consumers and producers" (Vaggi 1987, p. 67)..

transfert du gain de la classe des commerçants à celle des fermiers [26]. Bien que cette conclusion soit acceptée depuis longtemps (Weulersse 1910, 519-520), elle se heurte à une difficulté majeure : l'argumentaire de Quesnay en faveur de la libéralisation du commerce des grains, que l'on trouve dans les tableaux et leurs commentaires, ne fait aucunement référence au rôle de l'intermédiaire.

3. Pour une autre interprétation de la théorie de la libéralisation de Quesnay

3.1. éléments pour une critique

Le problème fondamental de l'interprétation présentée est de reposer entièrement sur le rôle du commerçant. Intermédiaire des échanges, il équilibre les quantités offertes et demandées sur les deux types de marché - marché de gros et de détail - et c'est lui qui, confronté à la libre concurrence, voit la plus grande partie de son revenu transféré à la classe des fermiers. Il semble être le pivot autour duquel, la théorie de la libéralisation de Quesnay s'est construite. Or, dans le commentaire des tableaux que nous avons reproduits, il n'est absolument pas fait mention du rôle des commerçants. De plus, à aucun endroit, ni dans "Grains", ni dans "Hommes", il n'y a de réelle discussion sur la nature du revenu des commerçant et surtout sur l'effet de la libéralisation sur ceux-ci.

Ce n'est que dans certains de ses textes de maturité, en particulier le texte "Du commerce. Premier dialogue entre M. H. et M. N." où Quesnay discute longuement de la place qu'occupe la classe des commerçants dans le processus de libéralisation. Dans "Grains" et "Hommes", le problème de la classe des commerçants est discuté plus rapidement [27], et surtout, Quesnay

---

26. "Thus, freeing the exports of the products of the land reduces the profits of the merchants, and, with the small increase in the retail price, leaves a price for the cultivators which is much higher than before" (Vaggi 1987, p. 75)

27. Dans "Hommes", deux passages assez long - pp. 555-8 et pp. 563-5 - où la question de la classe des commerçants est abordée, mais sans rapport avec la thèse de Vaggi. Dans "Grains", un seul passage, très court, mais qui va dans le sens de Vaggi : "ainsi la concurrence de leurs blés dans notre pays, empêcherait nos marchands de fermer leurs greniers dans l'espérance d'une cherté, et l'inquiétude du peuple ne ferait point augmenter le prix du blé par la crainte de la famine ; ce qui est presque toujours l'unique cause des chertés excessives" (Quesnay 1757a, p. 494). C'est, selon mon décompte, le seul passage dans les textes de l'*Encyclopédie* où il est fait mention du stockage du blé par le marchand, par ailleurs ce passage prend le contre-pied de "Fermiers" où Quesnay affirme : "La vente de ce grain est fort inégale ; si le laboureur est forcé de le vendre à bas prix, *ou de le garder*, il ne peut se soutenir que par les profits qu'il fait sur les bestiaux" (Quesnay 1756, p. 439, souligné par nous ; cf. aussi p. 442). La conclusion que nous en tirons est que le problème soulevé par Quesnay n'est pas l'impossibilité pour le fermier de stocker le grain, et par opposition la possibilité qu'a le marchand de le faire, mais le fait qu'il n'est pas rentable, ni pour l'un, ni pour l'autre, sauf à provoquer une cherté, de garder le blé.

ne relie pas cette discussion avec son analyse des deux tableaux. Ce n'est que dans les années 1760, que Quesnay essaie de structurer avec précision l'idée, que la libéralisation du commerce des blés a aussi l'avantage de faire baisser le gain du commerçant. Néanmoins, il la sépare alors clairement du phénomène de l'égalisation des prix décrit par les tableaux. Il s'agit d'une nouvelle source de revenu net, que la libéralisation procure au fermier, mais elle ne se confond pas avec le surcroit de produit net, dû à l'égalisation des prix.

L'idée défendue dans cet article peut alors être énoncée de la manière suivante : il est vrai que Quesnay affirme que la classe des commerçants s'interpose entre le producteur de grains et le consommateur, et qu'il réalise un gain lorsque le commerce de cette denrée n'est pas libre ; gain qui disparaît effectivement lorsque la libre concurrence règne. Mais cette problématique est totalement absente de la théorie des prix présentée dans les tableaux, et leurs commentaires dans "Grains" et "Hommes"; elle apparaîtra sous une forme achevée, cohérente, à un stade ultérieur du développement de la pensée de Quesnay. Cependant, il aura alors soin de séparer les deux types d'avantages à attendre du libre commerce.

Il y a un passage intéressant à ce sujet dans "Du commerce". Le physiocrate M. N. affirme : "Arrêtez, mon cher ami, vous confondez ici l'effet d'une libre communication dans le commerce entre différents pays avec l'effet du commerce même, qui est l'échange d'une production, qui a une valeur vénale contre une autre production de valeur égale : échange où il n'y a par conséquent, étant considéré en lui-même, rien à prendre ni à gagner pour l'un ni pour l'autre des contractants ; quoiqu'il puisse y avoir beaucoup à perdre pour l'un ou pour l'autre par des causes indépendantes du commerce, qui font d'un côté baisser le prix, et qui de l'autre le font augmenter." (Quesnay 1766, p. 301) [28].

Dans ce passage, Quesnay sépare explicitement le concept de gain du commerçant, de l'écart entre prix commun du vendeur et de l'acheteur. Si le premier baisse, suite à la libéralisation, c'est parce que la concurrence oblige le commerçant à mettre sa production au rabais mais cela n'explique pas l'égalisation des prix (i. e. la baisse de l'écart) puisque Quesnay précise que

28. M. N. ajoute plus loin (p. 317) "il faut, mon ami, distinguer avec soin la communication par la libre concurrence du commerce, et le commerce lui-même. Des privilèges exclusifs ou d'autres causes nuisibles peuvent empêcher la libre concurrence au préjudice des nations, sans empêcher le commerce.", cf. note suivante.

cela relève "des causes indépendantes du commerce" [29] ; elle est due uniquement à "l'effet d'une libre communication dans le commerce entre différents pays".

La citation suivante où Quesnay détaille "l'effet d'une libre communication" justifie notre assertion : "L'effet de la communication du commerce par la libre concurrence est d'entretenir le niveau entre les prix chez les différentes nations qui commercent entre elles ; cette compensation universelle des prix forme leur état naturel dans lequel les nations ne perdent ni par l'échange, ni par l'inégalité des prix" (Quesnay 1767, p. 317, même idée dans 1757b, p. 530). Il n'y a ici absolument aucune mention du rôle du commerçant : peu importe le vecteur de l'échange, ce qui compte c'est les marchandises puissent être transportées d'un pays à l'autre, sans être arrêtée par des barrières tarifaires et autres prohibitions.

Aussi, lorsque Quesnay revient sur le problème de la concurrence internationale entre les commerçants français et étrangers, il précise bien : "cette concurrence générale, qui est toute à son [la nation] avantage par l'épargne sur les frais du commerce *et* par la communication des prix entre les nations commerçantes" (Quesnay 1766, p. 347 ; nos italiques). Encore une fois, Quesnay, et de la manière la plus claire, sépare explicitement la baisse du gain des commerçants et l'égalisation des prix. Or, c'est seulement ce dernier que les tableaux et leurs commentaires expliquent.

La lecture de ces passages (cf. aussi Quesnay 1757b, p.531, p. 536, p. 537, p. 550) permet d'affirmer que c'est le seul mouvement potentiel (les années médianes), ou réel (les autres années) du blé qui explique, à la suite de la libéralisation, l'égalisation des prix constatée dans les tableaux, et le rapprochement des prix communs du vendeur et de l'acheteur. Avant la libéralisation, les échanges étaient impossibles, puisque l'exportation était interdite ; c'est pourquoi le bas-prix et la cherté étaient récurrents. L'existence d'un gain de monopole du commerçant avant la libéralisation doit donc être considéré comme un problème distinct, absent de la problématique de Quesnay dans ses commentaires des tableaux.

Par conséquent, il n'est plus possible de soutenir que ces deux prix communs s'établissent sur deux types de marchés ou, ce qui est la même chose, qu'ils résultent de deux actes d'échange différents, dont le commerçant serait

29. Il faut noter l'ambiguïté que Quesnay introduit en utilisant le mot "commerce" pour désigner tout d'abord l'activité économique en général ("la libre communication du commerce") puis, l'activité des commerçants en particulier ("l'effet du commerce" et "causes indépendantes du commerce") : i. e. le commerce comme acte d'achat au producteur pour revendre au consommateur. Quesnay sépare le vecteur du commerce (i. e. le commerçant), de son action (le déplacement des marchandises), seule cette dernière explique l'égalisation des prix.

l'intermédiaire : Quesnay, dans ses explications des tableaux, n'y fait pas référence. Il raisonne, dans ce cas, *hors frais de commerce et de transport.* Cela est clarifié dans la note suivante, intégrée au premier tableau dans l'article "Grains" (Quesnay 1757a, p. 462, italiques ajoutés) : "Le prix commun réglé, comme on fait ordinairement sur les prix différents des années, sans égards aux frais, et au plus ou moins de récolte chaque année, n'est un prix commun que pour les acheteurs qui achètent pour leur subsistance la même quantité de blé chaque année.[...] mais le prix commun des fermiers, *qui sont les vendeurs*, n'est qu'environ 15 liv. 9 s., à cause de l'inégalité des récoltes". Il n'y a décidément aucune besoin d'insérer un intermédiaire pour rendre compte du schéma de François Quesnay. C'est ce que nous allons tenter de montrer en proposant une interprétation, alternative à celle de Gianni Vaggi, des conséquences de la libéralisation sur le prix des grains [30].

3.2. Vers une nouvelle lecture des tableaux

Revenons sur les deux premiers des quatre points, précédemment mentionnés. A la question du contenu des concepts de "l'acheteur" et du "vendeur" utilisés dans les tableaux de Quesnay, l'interprétation de Vaggi, en supposant que la demande agrégée de blé est stable, considérait que ces personnages représentaient l'offre et la demande globale de blé. Cependant, Steiner (1994, pp. 248-9) a proposé une alternative plus cohérente avec le texte de Quesnay : c'est de considérer qu'il construit un consommateur et un producteur idéal-typique (Steiner parle d'un "*theoretical consumer*") pour montrer l'effet qu'aura la libéralisation sur les revenus, et les dépenses, de ces consommateur et producteur "théoriques".

C'est le moyen de réconcilier le fait que la consommation de blé de l'acheteur reste stable avec l'idée plusieurs fois énoncée par Quesnay qu'une partie de la population meurt de faim ou tout au moins subit des privations dans les cas de disettes [31]. Cette réconciliation est impossible dans le cadre de l'interprétation précédente, puisqu'elle avait besoin, pour la cohérence de son raisonnement, de faire l'hypothèse forte que la demande du consomma-

30. L'interprétation de Vaggi avait déjà été critiquée par Steiner (1994, pp. 248-9) et Demals/Delmas (1994, p. 7) mais aucune interprétation concurrente n'a été proposée. En effet, il est le seul à avoir construit une interprétation générale de la théorie des prix de Quesnay. Il faut d'ailleurs préciser que la critique, que nous lui adressons, ne porte que sur un point précis de cette interprétation et ne cherche pas à la remettre en cause dans sa globalité.

31. "Le bas peuple périt par la faim dans les disettes, et par les maladies fréquentes qui suivent les famines" (Quesnay 1757, p. 531 ; même idée p. 534). A la page 542, Quesnay considère que la libéralisation augmenterait le nombre de consommateurs de blé en permettant l'enrichissement de catégories qui consommaient auparavant des aliments moins nobles. Ceci montre bien que Quesnay ne considère pas la consommation totale comme stable.

teur (3 setiers) indiquait *stricto sensu* que la demande globale était stable. Or, si certains consommateurs de blé cessent d'en acheter lorsque le prix en est trop élevé, alors la consommation agrégée de blé sera plus faible, ce qui contredit sans détour l'hypothèse de stabilité de la demande globale de blé. L'interprétation de Steiner, en brisant le lien logique entre le consommateur idéal-typique [32] du tableau et la consommation agrégée, permet de répondre à la contradiction apparente, qui venait de ce que le premier consomme toujours la même quantité de blé alors que la seconde a tendance à varier en rapport inverse des prix [33].

Ce principe étant posé, l'interprétation que nous proposons est que l'augmentation du revenu net du fermier "théorique", après la libéralisation, ne repose pas sur une cause unique, mais s'appuie sur deux mécanismes analytiques différents qui ne sont pas clairement séparés par Quesnay.

Le premier a déjà été esquissé dans le développement précédent : c'est l'égalisation des prix du grain. Cependant, et c'est le second élément, cette égalisation se fait au niveau du "prix du marché général", c'est à dire un prix plus élevé, pour l'année normale, toutes choses étant égales par ailleurs. Cette dichotomie est, presque toujours, niée par Quesnay qui affecte de penser qu'il s'agit d'un mécanisme théorique unique : "Or, il est démontré qu'indépendamment du débit à l'étranger, et d'un plus haut prix, la seule égalité constante du prix augmente de plus d'un dixième le revenu des terres ; qu'elle accroît et assure les avances de la culture ; qu'elle évite les chertés excessives qui diminuent la population ; et qu'elle empêche les non-valeurs qui font languir l'agriculture" (Quesnay 1767, p. 261).

Or, cela n'est pas tout à fait vrai [34]. L'étude de l'année médiocre (ou normale) est à ce sujet révélatrice. En effet, cette année a une particularité : avant, comme après la libéralisation, l'offre nationale est égale à la demande nationale, il n'y a donc pas de commerce avec l'extérieur. Pourtant, le prix

---

32. L'interprétation proposée par Steiner, et reprise ici, est renforcée par l'usage du terme "commun" et du concept de moyenne au XVIIIe siècle tel que le décrit Perrot (1992, pp. 26-30) et notamment la facilité qu'avaient ces auteurs à passer du concept mathématique (moyenne des prix, des quantités), au concept social de moyenne (individu moyen), facilité difficilement concevable aujourd'hui.

33. Dans la suite de la présentation, je m'attacherais donc à essayer de préciser lorsque je raisonne sur les idéaux-types, et lorsque je devrais passer au niveau global (agrégé), et les conditions de possibilité d'un tel passage.

34. Comme le reconnaît finalement Quesnay à la fin de l'article "Grains" (Quesnay 1757a, p. 509) : "Le bon prix ordinaire du blé, qui procure de si grands revenus à l'état, n'est point préjudiciable au bas peuple. Un homme consomme trois setiers de blé : si à cause du bon prix il achetait chaque setier quatre livres plus cher, ce prix augmenterait au plus la dépense d'un sou par jour, son salaire augmenterait aussi à proportion et cette augmentation serait peu de chose pour ceux qui la payeraient, en comparaison des richesses qui résulteraient du bon prix du blé".

courant a haussé de 15 à 18£ et, puisqu'il n'y a pas d'échanges avec l'étranger [35], que nous avons montré que la hausse de ce prix n'était pas dû à la disparition du gain de l'intermédiaire, il faut admettre que le prix plus élevé obtenu pour la vente de la récolte par le fermier est payé plus cher par le consommateur. Lorsque les flux réels de blé sont nuls, ce qui est le cas pour l'année médiocre, le revenu net supplémentaire du fermier ne peut être pris qu'aux dépens du consommateur. Le bon prix, i. e. le prix international, est donc un prix élevé, un “haut prix” pour le consommateur français [36].

Cela est démontré par l'exemple suivant : supposons que le prix du marché international, le bon prix, ait été de 15£ et non pas de 18£, c'est-à-dire le prix lorsque s'égalisent offre et demande nationales de blé. Si les écarts de prix définis par Quesnay dans le second tableau, où il suppose le commerce libre, sont respectés alors les prix du blé seraient de 13, 14, 15, 16 et 17£ au lieu de 16, 17, 18, 19 et 20£ (chiffres effectivement utilisés par Quesnay). Quelles conséquences cela a-t-il sur le niveau des prix communs ? Le prix commun du vendeur est alors de 14,6£ et celui de l'acheteur est de 15£. L'écart entre les deux, quel que soit le prix de l'année médiocre choisi - 15 ou 18£ - passe bien de 1,92£ à 0,4£ mais, si le prix courant de l'année médiocre reste faible, il n'y a pas augmentation du revenu du fermier (il baisse même dans notre exemple). Deux conclusions s'imposent : (1) le rapprochement du prix commun du vendeur et de l'acheteur est bien dû à l'égalisation des prix, mais (2) il ne procure une augmentation de produit net que si, et seulement si, *l'égalisation s'effectue autour d'un prix courant favorable au fermier-vendeur*. Le prix international n'est donc un bon prix pour le fermier, que parce qu'il est plus élevé que le prix d'équilibre du marché intérieur - l'exportation étant interdite.

Ainsi la citation précédente - comme la suivante : “Notez que dans cette comparaison on ne suppose aucune augmentation dans le prix commun des grains ; car il n'est pas vraisemblable que l'exportation en fit augmenter le prix.” (Quesnay 1757a, p. 479 ; cf. aussi pp. 492-3) - semblent dénoter une profonde ambiguïté dans l'argumentation de Quesnay : comment peut-il continuer à soutenir que le *prix du grain* n'augmente pas alors que ses tableaux montrent justement le contraire ? Si l'on repousse l'hypothèse trop

35. “Mais ce n'est pas par la quantité d'argent que vous retirez de l'étranger de la vente de vos denrées que vous devez juger de vos richesses ; c'est par le prix des denrées établi par la communication permanente du commerce réciproque, et libre en vous et lui : quand vous n'exporteriez dans l'année que 100 setiers de blé, parce que vous n'en pourriez pas vendre davantage, le prix général du blé entre les nations commerçantes, se trouvera aussi sûrement établi chez vous, que si vous en vendiez dix millions de setiers” (Quesnay 1757b, p. 536).

36. Les commentateurs ont depuis longtemps mis cette idée en avant, en particulier Weulersse (1910, pp. 474-83) et E. Labrousse (Braudel/Labrousse 1970, pp. 371-377).

accommodante de la contradiction pure et simple, il faut admettre que Quesnay assimile, dans ces passages, le prix au *prix commun de l'acheteur* qui, comme nous l'avons vu augmente à peine suite à la libéralisation. Aussi, bien que le prix de l'année médiocre et *a fortiori* ceux des bonnes années augmente significativement (respectivement 20, 42 et 60%), Quesnay peut affirmer que le prix payé par le consommateur n'augmente pas : la baisse du prix du blé lors des mauvaises années compense presque entièrement la hausse. En moyenne sur les cinq années, le prix payé par le consommateur augmente peu. On comprend mieux le rôle essentiel que le concept de *prix commun* joue dans la pensée de Quesnay. En effet, Quesnay en assimilant la catégorie "prix" au "prix commun" montre, que pour lui, seul ce dernier doit être considéré comme représentatif pour les agents économiques : c'est celui qui s'impose à eux sur le long terme. Le fait que le prix courant évolue différemment du prix commun ne doit pas induire l'*économiste* en erreur, puisque seule cette dernière catégorie s'impose dans le calcul à long terme [37].

Maintenant, le puzzle a pris une forme plus aisément reconnaissable : la disparition des chertés [38] masque, pour l'acheteur, l'augmentation du prix de marché du blé lors des autres années. Ainsi, Quesnay peut soutenir que le prix du blé n'augmente pas pour le consommateur : cela est vrai pour le prix commun, le prix calculé pour les cinq types d'années. Mais ses adversaires pourront, au contraire, s'inquiéter de l'accroissement du prix courant du blé pour le consommateur, puisqu'il augmente effectivement pour l'année médiocre, celle où pourtant aucun commerce réel avec l'étranger ne justifie, aux yeux de ceux-ci, une telle hausse.

Il y a donc bien deux conséquences analytiquement hétérogènes à la libéralisation dans l'argumentaire de Quesnay. Pourquoi ce dernier ne les a pas mises en valeur, se réfugiant presque invariablement derrière la non-augmentation du prix commun pour l'acheteur ? On peut avancer plusieurs éléments de réponses, aucun n'étant exclusif des autres. (1) On peut rappeler l'hypothèse de la volonté politique de masquer la hausse du prix du blé. Quesnay, en assimilant le concept de prix commun de l'acheteur au prix escamote, tel un magicien, la hausse du prix courant du blé. Ce faisant Quesnay prive, il en est parfaitement conscient, les adversaires de la libérali-

37. Sur ce problème, cf. aussi *Réplique à la réponse du magistrat du parlement de Rouen sur le commerce des bleds, des farines et du pain avec des notes de l'éditeur*, 1769, pp. 60-7. Par ailleurs, Zapperi (1972, pp.147-48) attribue (sans preuves suffisantes selon nous) une collaboration de Quesnay à cette brochure.

38. "Quand le commerce est libre, la cherté des denrées a nécessairement ses bornes fixées par les prix mêmes des denrées des autres nations qui étendent leur commerce partout" (Quesnay 1757a, 509).

sation de leur argument majeur. (2) Il y a aussi une sous-estimation manifeste de la part de Quesnay, des difficultés épistémologiques liées à un tel passage conceptuel. C'est ce que mettra en évidence Galiani dans les *Dialogues sur le commerce des blés* (cf. Charles 1996). (3) Enfin, il est possible que Quesnay ait perçu d'autres avantages à la libéralisation pour les acheteurs, que ceux directement apparents dans les tableaux ou les commentaires qui y sont associés, et pensé, qu'ajoutant à l'attrait de la libéralisation pour les consommateurs, ils justifiaient le glissement conceptuel.

Parmi ces avantages, il y a, on en a déjà discuté longuement ici, la baisse du gain du commerçant. D'après notre interprétation, cette économie faite sur le gain des marchands, si elle est absente des tableaux, apparaît dans les textes de Quesnay des années 1760, et s'ajoute alors à l'égalisation des prix comme justification du libre-échange. La disparition des famines et disettes est un second motif de réjouissance pour les consommateurs, dont l'évidence nous évite d'en décrire les détails. Un dernier point est lié aux conséquences de l'augmentation du produit net de la classe des fermiers. En venant grossir leurs avances, elle provoque l'augmentation de la production de blé, le recours à une main-d'œuvre plus nombreuse et, enfin, un enrichissement général dont les consommateurs, comme l'ensemble de la population, bénéficieront (cf. *supra note 34*).

Conclusion

Il a donc été montré que l'analyse, proposée par Quesnay dans ses premiers articles économiques, de la libéralisation du commerce des grains ne repose pas sur une baisse du gain des commerçants. L'augmentation du produit net, qui est le bénéfice à attendre de la libéralisation, y est due entièrement à (1) l'égalisation des prix due aux échanges de blé avec l'étranger, et, à (2) l'augmentation du prix de marché des années abondantes, désormais indexé sur le "bon prix" international. Ces deux arguments expliquent pourquoi la situation du fermier s'améliore sans léser le consommateur. Ce dernier doit certes payer plus cher, après la libéralisation, son blé lors des années de bonne récolte mais, il économise lors des mauvaises années, où le blé importé empêche les producteurs, et les marchands français de l'affamer par des prix trop élevés. Lorsque le commerce des grains est libéralisé, les compensations des quantités offertes et demandées - qui se faisaient par l'exclusion des classes pauvres de la consommation de blé les mauvaises années [39] et par une "sur-consommation" (Steiner 1994, p. 249) les bonnes années - s'effectuent désormais avec l'étranger : on importe du blé les mauvaises années, et on l'exporte les bonnes années.

L'équilibrage entre les quantités offertes et demandées, au niveau national, ne se fait plus par une demande "contrainte", mais par les échanges réels de blé - importations lorsque la récolte manque, exportations lorsque les céréales surabondent (Quesnay 1757b, p. 530). Ce mode d'équilibrage est plus favorable au fermier, puisque la possibilité d'exporter son blé au prix international lui permet d'augmenter le prix du marché intérieur, même si les quantités réellement exportées sont nulles. Le consommateur, quant à lui, ne bénéficie que de la seule égalisation : dans l'analyse de Quesnay, sa position est, à court terme, globalement inchangée par la libéralisation.

Pour conclure, j'aimerais attirer l'attention sur le travail qui reste à accomplir afin de disposer d'une analyse complète de la théorie du commerce international de Quesnay [40]. Le premier problème sera de vérifier si la reconstruction des conséquences globales (au niveau de la nation) est compatible avec l'interprétation proposée ici. Le second point à éclaircir est la question de la place de la libéralisation du commerce des blés dans la théorie de la croissance de Quesnay. Il faudrait confronter notre interprétation avec les travaux de Walter Eltis et de Gianni Vaggi sur ce sujet. Alors, une fois ces développements assurés, il sera possible de juger de la cohérence de l'interprétation que nous avons proposée dans un cadre théorique élargi.

Université Paris 1
C.H.P.E.

39. "Mais l'exportation a encore l'avantage d'empêcher les chertés excessives qui ruinent le bas peuple, qui en font périr beaucoup par la faim, et plus encore par les maladies épidémiques qui suivent les famines" (Quesnay 1757b, p. 534).

40. La référence principale sur le sujet demeure Bloomfield (1938) "The foreign-trade doctrines of the Physiocrats"(*American Economic Review*, 28, December, pp. 716-35) qui assimile, sur le plan de la théorie du commerce international, Quesnay à ses disciples - ce qui est défendable jusqu'à un certain point - et à Turgot, ce qui est une erreur manifeste.

BIBLIOGRAPHIE

Anonyme [M. D. M. I. D. C.] (1754) "Mémoire sur les bleds", *Journal Œconomique*, Juillet 1754, pp. 58-80.

Anonyme (1769) *Réplique à la réponse du magistrat du parlement de Rouen sur le commerce des bleds, des farines et du pain avec des notes de l'éditeur*, sans indication de lieu.

ARGENSON, Marquis d' (1751) "Lettre à l'auteur du *Journal économique*, au sujet de la dissertation sur le commerce de M. le Marquis de Belloni", *Journal Œconomique*, Avril 1751, pp. 107-17. Reproduit avec une nouvelle pagination dans Klotz (1995), pp. 41-44.

ARGENSON, Marquis d' (1754) "Arguments en faveur de la liberté du commerce des grains", *Journal Œconomique*, mai 1754, pp. 64-79. Reproduit - sans la lettre de d'Argenson - avec une nouvelle pagination dans Klotz (1995), pp. 45-54.

ARGENSON, Marquis d' (1754b) "Lettre à l'éditeur", *Journal Œconomique*, mai 1754, pp. 79-82.

BLOOMFIELD, A.I. (1938) "The Foreign Trade Doctrines of the Physiocrats", American Economic Review, pp. 716-35.

BRAUDEL, Fernand/Labrousse, Ernest (1970), éd., *Histoire économique et sociale de la France. II Des dernier temps de l'âge seigneurial aux premiers temps de l'âge industriel (1660-1789)*, coll. Quadrige, P.U.F., Paris, 1991.

CARTELIER, Jean (1991), éd., *Physiocratie*, Recueil de textes de Quesnay édité avec une introduction et des notes de J. Cartelier (texte identique à celui de l'édition INED), GF, Flammarion.

CHARLES, Loïc (1996) "*Le théorème va bien, le problème va fort mal* : Ferdinando Galiani on the Grain Trade in Pre-Revolutionary France", *History of Economics Society Conference*, 28juin-1er juillet 1996, Vancouver.

DELMAS, Bernard/DEMALS, Thierry (1994) "Le "bon prix" sans la "cherté" : la quadrature du cercle des prix chez François Quesnay", dans *Colloque François Quesnay,*

Versailles, 1-4 juin 1994.

DUPONT DE NEMOURS, Pierre-Samuel (1764), *De l'exportation et de l'importation des grains*, Soissons et Paris, Simon.

FOX-GENOVESE, Elisabeth (1976) *The Origins of Physiocracy - Economic Revolution and Social Order in Eighteenth-Century France*, Cornell University Press, Ithaca & London.

GROENEWEGEN, Peter (1992) "Professeur Vaggi and the Physiocrats : new explorations in the classical theory of value and distribution : a review essay", in *Research in the History of Economic Thought and Methodology*, vol. 9, pp. 209-19.

HERBERT, Claude-Jacques (1753) *Essai sur la police générale des grains*, (premiére édition), Londres.

HERBERT, Claude-Jacques (1755) *Essai sur la police générale des grains, sur leurs prix et sur les effets de l'agriculture*, (texte de la cinquième édition sans l'avertissement de l'auteur) avec une introduction et une table analytique d'Edgar Depitre, Collection des économistes et des réformateurs sociaux de la France, Paris, Librairie Paul Geuthner, 1910.

HUBER (1774) "Inventaire et liquidation après le décès de M. François Quesnay", A.D. Yvelines, Etude Huber de Versailles, Minutes Thibault, 29 décembre 1774.

INED (1958) *François Quesnay et la physiocratie*, 2 tome, PUF/INED, Paris.

KAPLAN, Steven L. (1976) *Bread, Politics and Political Economy in the Reign of Louis XV*, 2 vol., Martinus Nijhoff, La Hague.

KLOTZ, Gérard (1995), éd., *Politique et économie au temps des lumières*, coll. Lire le 18e siècle, Publications de l'Université de Saint-étienne, Saint-Etienne.

Journal Œconomique (1751-1757), 30 vol., Antoine Boudet, Paris.

LE CAMUS (1753) "Mémoire sur les bleds et autres grains qui servent à la nourriture des hommes ; on y a joint tout ce qui concerne les provisions de Paris", *Journal Œconomique*, Nov. 1753, pp. 117-52.

MEEKS, Ronald L. (1962) *The Economics of Physiocracy*, Georges Allen & Unwin, London.

PATULLO, Henri (1758) *Essai sur l'amélioration des terres*, chez Durand libraire, Paris.

PERROT, Jean-Claude (1992) *Une histoire intellectuelle de l'économie politique* (XVIe-XVIIIe siècle), éditions de l'E.H.E.S.S., Paris.

PIARRON DE CHAMOUSSET, (1759) *Observations sur la liberté du commerce des grains*, Amsterdam (Paris), Lambert et Humblot.

PLUMART DE DANGEUL (sous le pseudonyme John Nickolls) (1754) *Remarques sur les avantages et les désavantages de la France et de la Grande Bretagne*, Leyde, deuxième édition.

QUESNAY, François (1756) "Fermiers", dans INED (1958), tome 2, pp. 427-58.

QUESNAY, François (1757a) "Grains", dans INED (1958), tome 2, pp. 459-510.

QUESNAY, François (1757b) "Hommes", dans INED (1958), tome 2, pp. 511-78.

QUESNAY, François (1766) "Du commerce. Premier dialogue entre M. H. et M. N.", dans Cartelier (1991), pp. 297-356.

QUESNAY, François (1767) "Maximes générales du gouvernement économique d'un royaume agricole", dans Cartelier (1991), pp. 235-68.

QUESNAY, François (?) (1768) "Examen de l'Examen du livre intitulé *Principes sur la liberté du commerce des grains*", Supplément au onzième tome des éphémérides du citoyen pour l'année 1768, paginé de 73 à 142.

SCHUMPETER, Joseph A. (1954) *Histoire de l'analyse économique. I L'âge des fondateurs*, bibliothèque des sciences humaines, Gallimard, Paris, 1983.

STEINER, Philippe (1994) "Demand, price and net product in the early writings of F. Quesnay", *The European Journal of the History of Economic Thought*, vol. 1, n°2, Summer, pp. 231-51.

STEINER, P. (1996) "Les revues économiques de langue française au XVIIIème siècle (1751-1776)", dans *Les revues d'économie en France*, Paris, L'harmattan, pp. 33-78.

VAGGI, Gianni (1983) "The Physiocratic Theory of Prices", *Contributions to Political Economy*, 2, pp. 1-22.

VAGGI, Gianni (1987) *The Economics of François Quesnay*, London, Mac Millan.

VIVENS, François de (1756) *Observations sur divers moyens de soutenir et d'encourager l'agriculture, principalement dans la Guyenne : où l'on traite des cultures propres à cette province, et des obstacles qui les empêchent de s'étendre*, (en deux parties, sans indication d'éditeur ni de lieu d'édition).

WEULERSSE, Georges (1910) *Le mouvement physiocratique en France (de 1756 à 1770)*, Paris, Felix Alcan.

ZAPPERI Roberto (1972) "For a New Edition of the Writings of François Quesnay. Bibliographical Revisions and Additions", *Political Economy, Studies in the Surplus Approach*, vol. 4, n°1, 1988 (traduit de l'italien par Derrick Plant) pp. 125-51.

LE CONCEPT QUESNAYEN D'ORDRE NATUREL [1]

Marianne FISCHMAN

Résumé
Cet article propose une lecture des écrits économiques et politiques de Quesnay à partir du concept d'ordre naturel défini dans "Évidence" (Quesnay 1756a). Il s'agit tout d'abord de montrer que ce concept permet à Quesnay de concevoir le désir pour les richesses comme une passion sociable. Il s'agit ensuite de mettre en évidence comment ce concept d'ordre naturel conduit Quesnay à construire son économie politique en réunissant la théorie du droit et l'économie, jusque-là réduite à une arithmétique politique. Cet article montre qu'en se référant à l'idée d'ordre naturel, Quesnay fait de l'accroissement des richesses agricoles la condition nécessaire et suffisante pour protéger toute forme de propriété. Il souligne que l'originalité de Quesnay consiste à fonder cette proposition sur la définition d'un lien économique - la théorie du produit net qui repose sur l'établissement du "bon prix"- entre richesse et propriété. Cet article éclaire par ce biais l'importance accordée par Quesnay à la propriété foncière et sa défense du despotisme légal.

Abstract: Quesnay's Concept of Natural Order
This article gives an interpretation of Quesnay's economic and political writings founded on the concept of natural order defined in "Évidence" (Quesnay 1756a). First, it shows that this concept leads Quesnay to conceive the desire of wealth as a sociable passion. Then, it brings out how the concept of natural order leads

1. Je remercie les deux rapporteurs anonymes ainsi que Thierry Demals, André Hervier et Philippe Steiner pour la mise au point de cet article.
Ce dernier n'engage évidemment que son auteur.

Quesnay to unite theory of law and economics, until then reduced to political arithmetic, and thus to construct its political economy. This article shows that thanks to the concept of natural order, Quesnay explains that the increase of agricultural wealth is the necessary and sufficient condition to protect any forms of property. It stresses the point that Quesnay's originality is to found this proposition on a definition of an economic link - the theory of net product relying on the "bon prix" - between wealth and property. This article enlightens, thus, the emphasis that Quesnay puts on real estate and its defence of legal despotism.

Classification JEL : B110

Introduction

On sait que, pour François Quesnay, il existe un ordre naturel physique auquel les hommes devraient se conformer pour leur plus grand avantage. Cette référence à l'ordre naturel est en effet récurrente dans ses écrits. On la trouve, en particulier, dans l'article "Évidence" (Quesnay 1756a) où Quesnay présente sa théorie de la connaissance, mais aussi dans son article sur "Le Droit Naturel" (Quesnay 1765), dans "Despotisme de la Chine" (Quesnay 1767a), et dans ses écrits économiques comme "Sur les Travaux des Artisans" (Quesnay 1766b) ou encore les "Maximes Générales d'un Gouvernement Économique d'un royaume Agricole" (Quesnay 1767b).

L'importance de la conception quesnayenne de l'ordre naturel et son rôle dans la construction de la science que construisent les physiocrates a déjà été soulignée (Dumont 1977, pp. 51-54 ; Goutte 1985, pp. 121-133 ; Vaggi 1987, pp. 18-19, p. 58-59 ; Cartelier 1991, p. 13 ; Larrère 1992, pp. 196-204 ; ou encore Steiner 1994, pp. 242-247). Nous voudrions ici montrer qu'elle fonde une caractéristique importante de la physiocratie : sa dimension à la fois politique et économique. En effet, comme le rappelle Pierre Samuel Dupont de Nemours dans une polémique avec Jean-Baptiste Say, l'économie politique des physiocrates ne saurait être que la science de richesses :

> "[v]ous avez trop rétréci la carrière de l'économie politique en ne la traitant que comme la science des Richesses. Elle est la science des Gouvernements. Elle est la science du droit naturel appliqué comme il doit l'être aux sociétés civilisées. Elle est la science des constitutions, qui apprend et qui apprendra non seulement ce que les Gouvernements ne doivent pas faire pour leur propre intérêt et pour

celui de leurs nations ou de leurs Richesses, mais ce qu'ils ne doivent pas pouvoir devant Dieu, ni à peine de mériter la haine et le mépris des hommes, le détrônement pendant leur vie, le fouet sanglant de l'histoire après leur mort.

Vous avez cru que notre large manière de considérer les Gouvernements était la Politique, et non pas l'Économie Politique. Cette fois-là, vous n'avez point parlé français, quoique vous le sachiez si bien.

L'usage de notre langue a borné le sens du mot isolé la Politique aux relations diplomatiques ou guerrières envers les autres Nations ou les autres souverains : c'est la science de Machiavel, de Buonaparte et du Cardinal de Richelieu. Fi !

Mais l'Économie politique est celle de la justice éclairée dans toutes les relations sociales intérieures et extérieures" (Dupont de Nemours 1815).

Ainsi, la polémique porte sur le statut de l'économie politique. Pour Dupont de Nemours, économie et politique ne sauraient être séparés. L'économie politique n'est pas que la "science des richesses", ou celle des "relations diplomatiques ou guerrières". Elle est "la science du droit naturel", celle qui apprend aux gouvernements "ce qu'ils ne doivent pas faire", à moins de mériter le "détrônement pendant leur vie".

Cette polémique est précieuse. Elle permet de saisir la distance qui sépare tant la philosophie politique de la physiocratie que la physiocratie de l'économie politique à venir : la différence entre ces savoirs consiste, d'une part, à ne plus considérer les rapports sociaux du seul point vue politique mais à les rattacher à la science des richesses et, d'autre part, à ne pas réduire la science des richesses à une arithmétique des rapports sociaux mais à l'inscrire dans les relations sociales intérieures et extérieures (Steiner 1984a, pp. 1-4 ; Demals et Delmas 1990, p. 124, 136).

Une telle conception, qui débouche sur la première formulation cohérente et ordonnée de l'économie dont le "Tableau Économique" (Quesnay 1766a) donne la représentation (Dumont 1977, p. 51 ; Schumpeter 1954, I, pp. 340-342), peut être expliquée à partir de la référence à l'ordre naturel telle que Quesnay la définit dans ses écrits. Selon nous, le caractère physique de l'ordre naturel retenu par Quesnay est ce qui permet à ce dernier (dont les écrits limiteront ici notre propos) d'articuler économie et politique et de donner naissance à la physiocratie, le gouvernement de la nature.

On sait en effet qu'en utilisant la référence à l'ordre naturel physique, Quesnay donne un contenu économique aux théories du droit naturel moderne et fonde, ainsi, une économie politique (Larrère 1992, pp. 195-204). Plus exactement, cette référence à l'ordre naturel physique permet à Quesnay de ne plus concevoir le désir des richesses comme un vice destructeur de la société mais comme une passion sociable. Or, ceci le conduit à ne plus s'interroger sur les seuls fondements politiques de l'État mais aussi sur les conditions économiques du meilleur état social. Cet état est celui où l'accroissement des richesses agricoles est la condition nécessaire et suffisante pour protéger toute forme de propriété. Toute l'originalité de François Quesnay consiste alors à montrer que cette situation est réalisée lorsque l'État garantit aux individus la libre poursuite de leurs propres intérêts, à savoir lorsqu'il les éclaire par la seule connaissance des lois naturelles physiques et, ainsi, par l'établissement du "bon prix du blé". Car, ce faisant, François Quesnay donne une nouvelle définition des rapports sociaux, au regard des conceptions juridiques et politiques antérieures. Cette nouvelle définition résulte du lien économique - la théorie du produit net - qu'il établit entre richesse et propriété, lien sans lequel les hommes en société ne pourraient se conformer à l'ordre naturel le plus avantageux au genre humain. Ce lien, il est vrai, ne conduit pas à rompre avec l'idée que la société se doit d'être soudée autour de la propriété foncière. Il s'accorde même parfaitement avec la préférence politique pour le royaume agricole manifestée par Quesnay. Mais il conduit, en particulier, à faire dépendre la domination des propriétaires fonciers des rapports économiques que ces derniers entretiennent avec l'ensemble des membres de la société, modifiant, de ce fait, leur statut.

Pour le montrer, nous partirons de l'article "Évidence" dans lequel Quesnay définit les fondements et le contenu de sa conception de l'ordre naturel physique le plus avantageux au genre humain [2]. Nous verrons ainsi tout d'abord comment, derrière la définition des lois physiques, il est conduit à utiliser l'opposition entre raison et passions, courante au XVIIIème siècle, pour donner un fondement économique à la propriété et aux relations que les hommes entretiennent en société (I. L'évidence de l'ordre naturel le plus avantageux au genre humain). Quesnay définit, sur cette base, la société conforme à l'ordre naturel physique. Nous montrerons, ensuite, que celle-ci le conduit à réunir pour la première fois la théorie du droit et l'économie, c'est à dire à fonder une économie politique. Nous serons de ce fait mieux à même de comprendre comment s'articulent, dans sa pensée, la défense de la libre circulation du blé et l'importance accordée au despotisme légal. Nous pourrons ainsi également préciser le rôle tenu par les propriétaires fonciers (II. La nature : fondement d'une conception économique et politique de la société).

2. La présentation par Pierre Henri Goutte de l'article "Évidence" de Quesnay nous a été très utile pour notre propre analyse (Goutte 1985, pp. 135-159).

I. L'évidence de l'ordre naturel le plus avantageux au genre humain

Dans sa théorie de la connaissance, présentée dans son article "Évidence", Quesnay définit l'ordre naturel comme un ordre physique et métaphysique. Cela lui permet d'en faire l'ordre le plus avantageux au genre humain auquel devraient se conformer les hommes en société mûs par le principe d'intérêt.

1. Physique et métaphysique de l'ordre naturel

Cette conception physique et métaphysique de l'ordre naturel le conduit en effet en premier lieu à défendre l'idée que la conformité des actions humaines à l'ordre naturel permettrait aux individus de se conduire avec certitude en vue de satisfaire leurs propres intérêts - c'est à dire en vue de jouir du bien physique - et d'éviter, simultanément, toute irrégularité morale - conçue par Quesnay comme la soumission de la raison à l'empire des passions. C'est là, en effet, la raison pour laquelle l'ordre naturel est le plus avantageux au genre humain.

Dans son article "Évidence", Quesnay affirme ainsi que, pour pouvoir se conduire, l'homme a besoin de s'appuyer sur des vérités. Or celles-ci, poursuit-il, sont essentiellement de deux ordres : d'une part, les "vérités naturelles" (Quesnay 1756a, p. 398), d'autre part, les "vérités révélées" (*idem.*) ou "surnaturelles" (*ibid.*). Contrairement aux premières, acquises par la raison en s'appuyant sur nos sensations actuelles, ces dernières sont en effet données par la foi. Elles informent donc des lois voulues par Dieu, tandis que les "vérités naturelles" procurent aux hommes la connaissance des principes qui organisent le monde dans lequel nous vivons. Un monde soumis à des lois physiques par opposition à celui, métaphysique, dans lequel seul vit Dieu.

Il existe donc pour Quesnay une distinction fondamentale entre les connaissances naturelles et celles qui sont révélées aux hommes. Cette distinction est liée au processus de connaissance et au domaine sur lequel ces connaissances informent. Cette distinction recouvre de surcroît une hiérarchie essentielle entre les connaissances, fondée sur la notion d'évidence. Cette notion caractérise selon Quesnay les "vérités naturelles". L'évidence constitue en effet cette

> "certitude à laquelle il nous est aussi impossible de nous refuser, qu'il nous est impossible d'ignorer nos sensations actuelles" (*ibid.*).

L'évidence représente donc le seul fondement de toutes nos croyances sans lequel nous ne pourrions comprendre ni la vérité, ni même la foi car celle-ci informe des "vérités révélées" (*ibid.*). Ainsi, pour Quesnay, la foi est-elle un produit de l'évidence. En outre, la foi résulte elle-même de la connaissance sensitive, comme le prouve pour Quesnay la recherche de la cause primitive des sensations. Celle-ci, en effet, conduit à l'analyse de la cause primitive du mouvement et aboutit à l'acte même de l'Etre suprême, "premier principe de toute intelligence et de toute activité" (*ibid.*, p. 419). Pour Quesnay, la foi résulte donc elle-même de la connaissance issue des sensations actuelles. Elle ne saurait pour cette raison contredire l'évidence. Elle est même le seul moyen efficace de corroborer la certitude issue des sensations (*ibid.*, p. 420) [3].

Pour Quesnay en effet, l'impossibilité d'ignorer nos sensations actuelles, sur laquelle repose l'évidence, est insuffisante pour garantir la certitude de la connaissance complète de l'ordre qui gouverne le monde naturel physique. Car cette connaissance suppose non seulement l'usage des sens mais encore celui de la mémoire. Si de l'usage des sens dépend notre capacité à ressentir des sensations, de la mémoire dépend en effet notre capacité à nous en souvenir et à établir entre elles des relations [4]. La mémoire est donc essentielle pour établir les "vérités réelles" (*ibid.*, p. 411) de l'ordre naturel "qui consistent dans les rapports exacts et évidents qu'ont les objets réels avec les sensations" (*ibid.*, p. 410). De l'exercice de la mémoire relève ainsi toute la certitude de nos connaissances naturelles qui caractérise l'évidence et dans lesquelles consistent

> "les règles de notre conduite, nos intérêts, notre science, notre bonheur, notre malheur, et les motifs qui forment et dirigent nos volontés" (*ibid.*, p. 405).

Mais encore convient-il, pour accéder à l'évidence des "vérités réelles" de l'ordre naturel, de s'assurer que la mémoire n'est pas soumise à des dérèglements. Car les sens et la mémoire sont deux mécanismes corporels pour Quesnay. Ils sont donc soumis à des dérèglements possibles, auxquels la raison humaine est assujettie. La mémoire, comme tous les corps, écrit Quesnay, peut être "troublée, affaiblie ou abolie par les maladies et les dérangements de ces corps" (*ibid.*, p. 407), entraîner un dérèglement du

3. On trouve une thèse semblable dans la philosophie de Malebranche, dont il semblerait que Quesnay soit un disciple (Kubota 1958, Larrère 1994).

4. Quesnay considérant que la propriété de sentir est passive, les sens et la mémoire constituent en effet à ses yeux les mécanismes essentiels sans lesquels aucune connaissance ne serait possible (Quesnay 1756a, p. 400).

mécanisme des sens [5] et borner, ce faisant, l'intelligence de la réalité. Dans ce cas, l'esprit est conduit à énoncer des idées "factices" (*ibid.*, p. 409) sur un monde imaginaire et qui sont donc erronées. Comme, par ailleurs, l'esprit - à cause de sa capacité trop bornée - est incapable de "toujours saisir sûrement tous les rapports réels qu'ils [les objets] ont entre eux" (*ibid.*, p. 408), l'homme est conduit à concevoir des idées abstraites générales qui ne sont qu'idéales [6]. Associées aux idées "factices", elles débouchent finalement sur l'énoncé de "vérités idéales" (*ibid.*, p. 410), opposées aux "vérités réelles". Les "vérités idéales" en effet ne "consistent que dans les rapports que les sensations ont entre elles", indépendamment de leur correspondance exacte avec les objets qui en sont les causes nécessaires [7]. Surtout, le dérèglement des sens, entraîné par celui de la mémoire, soumet la raison à l'empire des passions et, ce faisant, conduit non seulement à un dérèglement de l'intelligence mais également à un dérèglement moral (*ibid.*, pp. 407-408).

Dès lors, l'homme doit recourir à la foi s'il veut posséder la certitude de ses connaissances, diriger ses actions sans soumettre sa raison à l'empire des passions et, par là-même, éviter tout dérèglement moral. Car, pour Quesnay,

> "il n'y a que l'Intelligence par essence, l'Etre suprême, qui exclue les idées abstraites, et qui réunisse dans chaque instant et toujours les connaissances détaillées, distinctes et complètes de tous les êtres réels et possibles, et de toutes leurs dépendances" (*ibid*, p. 409).

Découverte par les sens, l'Intelligence Divine est donc pour Quesnay la seule instance par laquelle peut être découverte l'essence de toutes les choses, la seule instance par laquelle l'homme peut s'assurer des "vérités réelles". En ce sens la référence à l'Intelligence Divine sert donc de critère de vérité. Elle fait par là-même de l'ordre naturel un ordre physique immuable : celui dont la connaissance constitue le seul moyen permettant aux hommes de se diriger en toute certitude et, ce faisant, de satisfaire en toute certitude leurs intérêts particuliers.

5. Notons sur ce point que Quesnay considère que le mécanisme corporel des sens ne peut se dérégler de lui-même, ce qui explique que les sensations actuelles constituent à ses yeux le seul véritable fondement de l'évidence.

6. Parce qu'elles correspondent à une idée sommaire d'unité alors même que la réalité n'est composée, selon Quesnay, que d'une multitude d'objets particuliers (Quesnay 1756a, p. 409).

7. On notera que le caractère passif de la faculté de sentir est essentiel à la définition de l'ordre naturel de Quesnay. Sans elle, il ne serait pas possible d'en établir le caractère "réel". En outre, c'est parce que la mémoire et les sens sont eux-mêmes des mécanismes corporels qu'il est possible pour Quesnay d'affirmer que l'ordre naturel, par opposition à l'ordre divin, constitue à l'évidence un ordre physique (Quesnay 1756a, pp. 400-422).

De plus, elle est le moyen de distinguer les hommes des animaux. D'une part, car seuls les hommes possèdent une âme, de sorte qu'ils sont les seuls à pouvoir accéder à l'essence des choses et, ainsi, à la certitude des vérités, alors "réelles". D'autre part, parce que l'Intelligence Divine est non seulement l'Intelligence par essence mais également l'Auteur du bien moral. Aussi, en s'assurant de par sa foi des "vérités réelles" de l'ordre naturel conçu comme un ordre physique, l'homme découvrirait la concordance des lois physiques et des lois morales. Dès lors, par la connaissance des "vérités réelles", il deviendrait une personne morale et non plus seulement un animal raisonnable. Du même coup, non seulement il éviterait tout dérèglement moral mais, plus encore, il découvrirait dans l'ordre institué par le divin, les règles de conduite qui lui permettraient de concilier la libre poursuite de son intérêt particulier avec le respect d'une éthique privée.

Et c'est ainsi pourquoi, Quesnay, parti de la définition d'un ordre naturel physique dont les lois s'énoncent sous la forme de "vérités réelles" fait finalement valoir son caractère métaphysique en tant qu'ordre créé par Dieu. Car il peut ainsi montrer que la poursuite des intérêts privés, lorsqu'ils sont éclairés par la connaissance des lois physiques, peut aboutir à un ordre. Cet ordre est conforme à la nature et donc à la morale. Il constitue par conséquent le meilleur état social. Voyons cela.

2. De l'ordre naturel à l'ordre social : les fondements de l'économie politique quesnayenne

La conception prônée par Quesnay de l'ordre naturel comme ordre physique et métaphysique ne le conduit pas seulement à défendre l'idée que la conformité des actions humaines à l'ordre naturel permettrait aux individus de se conduire avec certitude en vue de satisfaire leurs propres intérêts. Cette conception le conduit en second lieu à distinguer la "liberté animale" de la "liberté d'intelligence" et à opposer les concepts d'intérêt - soumis à l'empire des passions - et "d'intérêt bien-entendu" - en conformité avec les principes de raison. Cette opposition est importante : c'est elle dont Quesnay se sert pour expliquer que la poursuite des intérêts privés peut conduire à un ordre social en conformité avec l'ordre naturel le plus avantageux au genre humain (Goutte 1985, pp.152-158 ; Steiner 1994, pp. 242-244).

Pour Quesnay, seule la connaissance des lois qui gouvernent l'ordre naturel et que l'homme peut énoncer sous forme de "vérités réelles", permet de se diriger avec certitude en vue de satisfaire ses propres intérêts car elle permet de maîtriser ses sensations actuelles [8]. En effet, affirme-t-il, seule cette connaissance lui donne la possibilité d'éviter de se tromper dans son choix lorsque les différentes sensations produisent des volontés actuelles souvent opposées (Quesnay 1756a, p. 422), d'autant que "souvent ce qui est actuellement le plus agréable, n'est pas le plus avantageux pour l'avenir" (*idem.*). Et si le recours à l'Intelligence par essence joue lui-même un rôle essentiel dans le processus cognitif qui permet de s'assurer des "vérités réelles", c'est avant tout parce qu'en permettant à l'homme d'éviter d'énoncer des idées "factices" et de croire en des "vérités idéales", il le prémunit simultanément de tout dérèglement moral. De par le recours à l'Intelligence Divine, l'homme ne soumet pas sa raison à l'empire des passions, ni donc sa volonté aux seules sensations actuelles si souvent opposées.

De là découle, selon Quesnay, la différence essentielle entre la "liberté animale" (*ibid.*, p. 425) et la "liberté d'intelligence" (*ibid.*). Pour Quesnay, la "liberté animale" est en effet celle qui résulte de la connaissance issue des seules sensations actuelles. Au contraire, la "liberté d'intelligence" repose sur la connaissance certaine de l'ordre naturel. Dès lors, tandis que la première dirige dans l'instant les volontés, la seconde permet au contraire de suspendre les décisions et de décider en fonction de "l'intérêt bien entendu". Celui-ci ne provient donc pas de ce "combat intenté par des passions trop vives, qui résultent d'une mauvaise organisation du corps, naturelle ou contractée par de mauvaises habitudes qui n'ont pas été réprimées" (ibid.), et qui caractérise la "liberté animale". "L'intérêt bien entendu" découle bien plutôt de la

> "liberté morale ou d'intelligence, qui n'est pas obsédée par des affections déréglées ; qui rappelle à chacun ses devoirs envers Dieu, envers soi-même, envers les autres ; qui fait apercevoir toute l'indignité du mal moral, de l'iniquité du crime, du dérèglement ; qui a pour objet le bien moral, le bon ordre, l'observation de la règle, la probité, les bonnes œuvres, les motifs ou les affections licites, l'intérêt bien entendu. C'est cette liberté qui fait connaître l'équité, la nécessité, les avantages de la règle ; qui fait chérir la probité, l'honneur, la vertu, et qui porte les hommes à l'image de la divinité" (*ibid.*).

8. Il pourrait sembler que Quesnay se contredit puisque, d'une part, il fait des sensations la source des connaissance naturelles puis, d'autre part, il affirme que celles-ci sont là pour maîtriser les sensations. Mais ce serait oublier que le processus cognitif qui débouche sur la connaissance des lois naturelles intègre non seulement les sensations mais aussi le mécanisme de la mémoire grâce auquel les lois peuvent être établies. C'est donc de l'exercice de la mémoire que relève toute la certitude de nos connaissances naturelles qui caractérise l'évidence. C'est donc grâce à elle que les connaissances naturelles permettent, lorsque les sensations actuelles s'opposent, de les départager, de les classer, et, en ce sens, de les maîtriser.

Ainsi Quesnay, comme la plupart des auteurs du XVIIème siècle et du XVIIIème siècle, reprend l'opposition entre les passions et la raison. Et, conformément aux idées développées à son époque, il considère que l'intérêt mène le monde et que la raison a pour objet de contraindre les passions en vue de les faire jouer au profit de la société toute entière. Mais l'idée qu'il défend est qu'ainsi les hommes ont le moyen de poursuivre librement leurs intérêts privés, parce qu'ils peuvent, chacun, déterminer, parmi les situations agréables, celle qui leur sera la plus avantageuse. La raison n'est donc pas, chez Quesnay, l'instrument par lequel les intérêts individuels deviennent compatibles entre eux car il seraient rendus conformes au bien commun [9]. Elle n'est pas non plus, comme pour Hume, l'instrument des passions, puisqu'elle consiste au contraire à les réprimer en servant l'intérêt privé. Ce que fait Quesnay revient à distinguer, parmi les passions, celles qui sont des vices et celles qui n'en sont pas. En effet, si la raison n'a pas pour objet de transformer les vices en vertu, si elle ne saurait non plus se trouver au service des passions mais seulement à celui de l'intérêt particulier, c'est que l'intérêt, lorsqu'il est conforme à la raison, s'oppose dès lors aux vices [10]. D'où la notion "d'intérêt bien entendu" qui exprime cette réconciliation de l'intérêt et de la raison et donc la séparation des notions d'intérêt et de vice. Dit autrement, les individus, guidés par l'intérêt, devraient se conformer à la raison, se laisser gouverner par les principes de raison... ce qui implique que Quesnay ne conçoit pas la notion d'ordre en dehors d'un certain point de vue individualiste.

L'ordre chez Quesnay est pourtant un principe métaphysique [11]. En effet, pour Quesnay, ce qui distingue essentiellement la "liberté animale" de la "liberté d'intelligence", c'est l'absence ou l'existence de règles de conduite. Le dérèglement de l'intelligence est donc à prendre au sens propre du terme : c'est un désordre de l'intelligence qui condamne les hommes à ne pas connaître l'ordre, à moins qu'ils ne recourent à l'Intelligence Divine. Or, à ce titre, l'ordre se présente comme un concept métaphysique, permettant à Quesnay de définir les actions gouvernées par la raison comme celles qui, par nature, sont conformes à la morale. Ainsi, pour Quesnay,

> "on ne doit point chercher dans le corps ni dans l'âme, ni dans le composé de l'un et de l'autre, la forme constitutive de l'homme moral, c'est à dire du principe actif de son intelligence, de sa force d'inten-

9. Ce que tente en revanche Bernard Mandeville lorsqu'il affirme que "les vices privés font le bien public" (Mandeville 1714). Sur ce point, voir Jérôme Lallement (Lallement 1993).

10. et, par conséquent que la raison réprime.

11. Cette idée est développée par Jacques Giacometti (Giacometti 1985).

tion, de sa liberté, de ses déterminations morales, qui le distinguent essentiellement des bêtes. Ces attributs résultent de l'acte (...) de l'Etre suprême qui agit sur l'âme, qui l'affecte par des sensations, qui exécute ses volontés décisives, et qui élève l'homme à un degré d'intelligence et de force d'intention, par lesquelles il peut suspendre ses décisions, et dans lesquelles consiste sa liberté" (*ibid.*, p. 419).

Dès lors, on pourrait penser que l'intérêt peut être séparé du vice, et donc des passions, parce qu'il échappe en quelque sorte au domaine humain. Quesnay pourrait ainsi rendre compte d'un ordre dans ce domaine, et le considérer comme le meilleur état social, parce qu'il serait finalement, en ce sens, indépendant de la volonté de l'homme, de tout principe qui lui serait inhérent. Aussi Quesnay développerait-il un point de vue holiste selon lequel l'ordre auquel les hommes accèdent avec évidence étant défini comme un ordre préétabli par Dieu, cet ordre imposerait aux hommes de se conduire conformément à la morale et, ainsi, en vue de leur plus grand avantage (*cf.* Larrère 1992, pp. 202-213).

Il nous semble pourtant que l'ordre conçu par Quesnay n'est pas essentiellement holiste, malgré son caractère métaphysique. Réduire l'ordre naturel à ce point de vue parce qu'il constitue un ordre préétabli par Dieu dont la certitude de la connaissance est corroborée par la foi serait en effet, nous semble-t-il, privilégier un des aspects de la pensée de Quesnay et oublier le réalisme qui la sous-tend, ce que Edgard Allix nomme "le physicisme" de François Quesnay (Allix 1911, p. 563) [12]. Car le recours à l'Intelligence Divine intervient, nous l'avons vu, pour corroborer les connaissances issues des seules sensations. Dès lors, un écart entre les connaissances issues des seules sensations et celles provenant des vérités révélées ne peut, selon Quesnay, résulter que d'un dérèglement de la mémoire et/ou des sens, autrement dit de la distinction première entre idées "réelles" (physiques) et idées "factices" (abstraites ou imaginaires). Or si cet écart est rendu possible, et si les hommes peuvent saisir cet écart, c'est que l'homme est capable d'imagination, d'invention, autant que de saisir les lois de l'ordre naturel. Celles-ci, d'ailleurs, ne s'imposent pas à l'homme :

> "[c]'est un travail qui demande du temps, du génie et des lumières peu communes et difficiles à acquérir" (Quesnay 1766c, p. 877) [13].

12. Notons que pour Giacometti également "l'ordre sera physique et métaphysique" (Giacometti 1985, p. 174).

Et c'est alors dire que sa conscience n'est pas déterminée par un ordre qui le dépasse, que la notion d'intérêt est donc inhérente à tout individu particulier. D'où la distinction possible entre le concept d'intérêt et celui "d'intérêt bien entendu". Tandis que le premier est lié au dérèglement de l'intelligence et, de ce fait, au dérèglement moral, appartenant ainsi au domaine des passions, des vices, le second est lié à l'exercice de la raison et il conduit avec certitude les individus à agir en vue de leur plus grand avantage.

D'où il résulte une conception très originale de l'ordre naturel chez Quesnay : réalisé au sein du monde physique, l'ordre naturel est en fait le point de rencontre entre un ordre divin, le point de vue holiste, et un ordre humain, le point de vue individualiste. Il est celui "qui porte les hommes à l'image de la divinité" (Quesnay 1756a, p. 425), ce qui permet de qualifier de "normative" (Steiner 1994, p. 244) la théorie sensualiste de la connaissance proposée par Quesnay. En outre, le caractère "normatif" du sensualisme de Quesnay est à saisir dans le point de vue moral attribué au monde physique et qui en fait un ordre. Les lois de la nature physique ne peuvent en effet informer des lois morales que parce que Dieu est l'Auteur de la Nature et du Bien moral. Mais si les lois de la nature physique définissent un ordre moral, elles permettent alors de définir deux types de comportements sociaux. Celui par lequel les hommes dirigent leurs actions conformément à l'ordre naturel, les hommes sages qui "sont immédiatement déterminées par la règle même" (Quesnay 1756a, p. 425). L'autre, suivi par "ceux qui sont portés au dérèglement par des passions vives et habituelles (...) moins soumis par eux-mêmes à la règle, qu'attentifs à la crainte de l'infamie et des punitions attachées à l'infraction de la règle" (*idem.*), celui par lequel les hommes n'agissent qu'en fonction de leurs sensations actuelles, trompés qu'ils sont par leurs idées "factices". Tandis que les premiers, gouvernés par une liberté morale, poursuivent leur "intérêt bien entendu" tout en participant au bien commun, les seconds, au contraire, ne peuvent ni s'assurer de leur bonheur, ni respecter une éthique privée. Autrement dit, sans la liberté d'intelligence, c'est à dire sans la connaissance certaine de l'ordre naturel physique, il est impossible d'établir avec assurance l'intérêt de chacun, ni la conformité de l'intérêt à la moralité. La poursuite des intérêts particuliers est alors freinée soit en raison de l'incertitude des connaissances sur le mal et le bien physiques, soit en raison d'une contradiction d'intérêts qui résulterait de cette méconnaissance. En revanche, en se référant, à partir des sensations et

---

13. La référence au calcul est d'ailleurs récurrente dans les écrits de Quesnay. Elles concernent en premier lieu le philosophe, tant ils sont élaborés, mais aussi l'homme d'État, qui doit mettre en œuvre des réformes et, surtout, tous les individus au comportement intéressé (*cf.* Steiner 1998).

en recourant à la foi, à la connaissance des lois physiques, il est possible de garantir que la poursuite des intérêts privés conduira assurément au meilleur état social.

De sorte que la nature n'a rien de naturel au sens physique du terme : le réalisme de François Quesnay n'est pas un physicisme. C'est une métaphysique qui lui permet de rendre compte de l'ordre social à partir des comportements individuels intéressés. La nature, comme l'écrira Quesnay, est l'ordre le plus avantageux au genre humain. Elle lui permet de définir, au regard de la société actuelle, c'est à dire en se fondant sur le fait, qui s'impose à l'observation, que l'intérêt mène le monde, les règles fondamentales de la société qui en feraient le meilleur état social. La nature, pour Quesnay, est donc un idéal. C'est un ordre moral qui correspond à une société idéale à laquelle la société actuelle, composée d'individus dont les actions sont guidées par la recherche de leurs intérêts privés, devrait se conformer : car la libre poursuite des intérêts particuliers y serait alors l'expression même d'une société conforme à une morale du bonheur.

Et c'est pourquoi la particularité de l'ordre naturel tel que Quesnay le présente dans son article "Évidence" joue un rôle décisif dans sa conception du droit et de l'économie. Car tandis que, jusque-là, le droit était par excellence la science universelle du social, et l'économie, réduite à une arithmétique politique, Quesnay va pour la première fois réunir ces deux savoirs, et ainsi fonder une économie politique : la science économique du gouvernement des sociétés humaines. Pour lui, en effet, puisque la nature est un ordre qui permet aux individus de suivre à leur plus grand avantage leurs intérêts particuliers et de se conduire, par là-même, conformément à la morale,

> "la science économique, (...) est une grande science, (...) la science même qui constitue le gouvernement des sociétés" (Quesnay 1767a, p. 923).

II. La nature, fondement d'une conception économique et politique de la société

Élaborée à partir de sa conception épistémologique de l'ordre naturel, l'économie politique de François Quesnay se veut l'expression d'une morale du bonheur. Celle-ci apparaît clairement si l'on prend comme point de départ son article sur "Le Droit Naturel", pour ensuite se référer à ses premiers écrits économiques, en inversant l'ordre chronologique de ses publications. C'est en effet dans son article sur le "Le Droit Naturel" que la rupture opérée par Quesnay vis à vis de la philosophie du droit apparaît avec le plus de netteté. Et c'est précisément parce que les principes physiocratiques ne sont pas inscrits dans la perspective de la philosophie du droit que le concept d'ordre naturel dégagé de l'article "Évidence" nous servira à comprendre la position de Quesnay en matière de droit. Nous verrons ainsi qu'en construisant sa théorie du droit en référence à la tradition jusnaturaliste, Quesnay en transforme les principales notions en leur donnant un contenu physique, de sorte qu'elle présente non seulement une dimension juridique mais aussi économique. Et c'est pourquoi cette théorie s'accompagne d'une analyse économique des rapports sociaux, que nous étudierons ensuite dans cette perspective. C'est la société conforme à la nature, celle du gouvernement "le plus avantageux au genre humain" (Quesnay 1765, p. 740).

1. La transformation quesnayenne du droit naturel

La construction de l'économie politique quesnayenne s'effectue par le biais d'une transformation des concepts du droit naturel en leur donnant un contenu physique. En effet, conformément aux théories du droit naturel, Quesnay fonde les principes mêmes du droit dans une loi de nature. Celle-ci, conforme à la raison, fait du droit des individus à la sûreté une règle générale, universelle, antérieure à l'institution de l'État dont le rôle se réduit à se porter garant de cette loi (*cf.* Derathé 1950, pp. 151-171). Interprétée dans le cadre de la conception philosophique de l'ordre naturel que Quesnay développe dans son article "Évidence", cette conception de la loi naturelle s'accompagne néanmoins désormais d'une définition spécifique de son contenu : pour lui, la loi naturelle est avant tout une loi physique.

En effet, les lois physiques constituent pour Quesnay les principes mêmes de la raison humaine. Or, ces principes sont ceux qui permettent aux hommes s'y conformant pour déterminer leurs actions de concilier le souci de leurs intérêts propres avec le respect d'une éthique privée. Pour Quesnay, ces principes sont donc ceux, inscrits dans la nature physique, qui suffisent pour sanctionner le droit de propriété et même, mieux encore, pour limiter par un principe de justice et d'équité le penchant des hommes à accroître leurs propriétés. Les lois morales sont donc fondées sur les lois physiques, comme Quesnay le précise dans son article sur "Le Droit Naturel". Pour lui,

> "[l]es lois naturelles sont ou physiques ou morales (...) On entend ici par loi morale *la règle de toute action humaine de l'ordre moral* conforme à l'ordre physique évidemment le plus avantageux au genre humain" (Quesnay 1765, p. 740).

Et c'est ainsi qu'il est amené à défendre une conception originale de l'hédonisme politique.

En effet, on en vu qu'en se conduisant conformément aux connaissances "réelles" de l'ordre naturel, les hommes peuvent 1/ satisfaire leurs propres intérêts (en particulier leur désir d'accroître leurs propriétés) et 2/ connaître les limites de leur droit naturel. En conséquence la libre poursuite des intérêts individuels et le penchant des hommes à accroître leurs propriétés sont limités par un principe d'équité et de justice dès l'état de nature, pour Quesnay, c'est à dire indépendamment de toute institution politique (*idem.*). Ce principe d'équité et de justice, la loi physique l'indique elle-même. C'est elle qui, désormais, sanctionne le droit. Et c'est pourquoi tout homme, instruit par sa raison, saura discerner le juste et l'injuste, s'approprier légitimement ce qui lui revient, connaître ses droits et ses devoirs.

D'où il résulte que, pour Quesnay, la science du droit n'est plus la science qui établit les règles du bien commun que l'État doit imposer aux hommes pour leur permettre de vivre en société tout en poursuivant leurs propres intérêts. Cette science est celle qui met en évidence comment les hommes, dirigés par leurs intérêts particuliers, doivent se conduire, à cette fin, conformément aux lois de la nature physique et, ce faisant, conformément au bien commun. Mais ce dernier n'est plus entendu au seul sens juridique du terme : le bien n'est pas seulement moral mais aussi physique et, à ce titre, il prend une dimension économique. Et c'est pourquoi, avec Quesnay, la science du droit devient une économie politique, ce savoir grâce auquel les sociétés actuelles pourraient, compte-tenu du caractère intéressé de la nature humaine, former le meilleur état social. Celui, affirme Quesnay, dans lequel la loi de la nature devrait, en conséquence, être le principe même du gouvernement des hommes en société, car ceux-ci s'assureraient ainsi de l'étendue la plus grande de leurs droits naturels.

Ce qui conduit alors Quesnay à définir le droit naturel de l'homme comme celui "*aux choses dont il peut obtenir la jouissance*" (*ibid.*, p. 729). Car si le droit fait l'objet d'une sanction physique, s'il ne saurait plus être contrebalancé par une loi morale, il n'est désormais limité que par son usage. Or, si le droit est limité par son usage, la conservation - ce droit fondamental fondé sur la loi de nature que Locke décline en un droit à la propriété sur soi-même, sur son travail et sur les produits de son travail - est lui-même limité - ou étendu - par la portion de choses que l'homme peut obtenir et dont il "ressent les avantages de la possession" (Diderot cité par Pierre Retat 1985, p. 180). Et c'est donc la connaissance des avantages de la possession qui définit le droit de propriété, c'est à dire sur la jouissance qu'est fondé le droit de propriété. Dès lors, la jouissance devient, avec Quesnay, la mesure du droit de propriété [14], l'expression de sa sûreté. De sorte que protéger la propriété revient à en garantir le revenu et, en premier lieu, le revenu agricole. C'est en effet ce que Quesnay affirme lorsqu'il écrit :

> "[l]es guerres extérieures n'admettent guère d'autres préoccupations que celle de la défense assurée par des forces, qui doivent toujours être l'objet capital d'un bon gouvernement ; car de grandes forces exigent de grandes dépenses, qui supposent de grandes richesses, dont la conservation ne peut être assurée que par de grandes forces : mais on ne peut ni obtenir ni mériter ces richesses que par l'observation des lois naturelles, et ces lois sont établies avant toute institution du gouvernement civil et politique. Cette législation n'appartient donc ni aux nations, ni aux princes qui les gouvernent : ce sont ces lois mêmes qui assurent les succès de l'agriculture, et c'est l'agriculture qui est la source des richesses qui satisfont aux besoins des hommes, et qui constituent les forces nécessaires pour leur sûreté" (Quesnay 1767a, p. 926).

Ce point est essentiel. En liant ainsi la propriété au revenu, Quesnay affirme en effet le caractère économique et politique de son analyse. Surtout, il en souligne un aspect qui joue un rôle crucial dans ses premiers écrits économiques, lorsqu'il définit les conditions d'accroissement du produit agricole et qu'il met en avant le rôle central joué par les riches fermiers dans le processus économique permettant d'amener la production agricole à son plus haut niveau. Il s'agit de la nécessité d'assurer un gain au fermier pour lui permettre de couvrir ses frais sans empiéter sur son propre fonds - *ie* sans altérer sa propriété - et l'inciter, ainsi, à augmenter la production. Pour Quesnay, en effet, lier la propriété au revenu qu'il est possibble d'en tirer ne consiste pas seulement à garantir la propriété foncière par le revenu foncier [15]. Cela consiste surtout à établir cette garantie pour la propriété et le revenu du fermier et à montrer que la convergence des intérêts de tous les membres de la société repose sur la possibilité, pour le fermier, de réaliser un gain afin d'avoir la sûreté de sa propre propriété et satisfaire son propre intérêt. Pour Quesnay, tel est en effet un des objets essentiels de la science

---

14. Cette conception défendue par Quesnay doit être ici distinguée de celle de Dupont de Nemours pour qui "[c]'est parce qu'on a de droit naturel, la propriété de sa personne, qu'on a le droit de réclamer contre tout autre ce qu'on a acquis par le travail, par l'emploi de sa personne" (Dupont de nemours 1767, pp. XXIX-XXX).
15. Ainsi, pour Quesnay, "[q]uand les terres restent en friche et qu'elles s'embuissonnent, c'est un grand inconvénient dans les pays où l'on cultive avec des bœufs, c'est à dire où l'on cultive mal, car les terres y sont à très bas prix; en sorte qu'un arpent de terre qu'on essarterait et défricherait, coûterait deux fois plus de frais que le prix que l'on achèterait un arpent de terre qui serait en culture : ainsi on aime mieux acquérir que de faire ces frais, ainsi les terres tombées en friche restent pour toujours en vaine pâture, ce qui dégrade essentiellement le fond des propriétaires" (Quesnay 1756b, p. 431).

économique, comme nous allons le montrer. Celui grâce auquel peut être mise en évidence, à travers l'étude du système productif et la définition du "bon prix", l'idée énoncée dans l'article "Évidence", qu'en agissant conformément à l'ordre naturel et, ce faisant, selon leurs "intérêts bien-entendus", les individus en société peuvent former le meilleur état social. Celui, par conséquent, qui devrait faire l'objet de soins tout particuliers de la part du gouvernement.

En effet, pense Quesnay, pour protéger la propriété, point besoin d'échanger la sécurité contre la liberté, comme l'affirmaient les philosophes du droit naturel, et de former sur cet échange, une société politique. Ici, la sanction physique suffit.

> "Il faut donc bien se garder d'attribuer aux lois physiques les maux qui sont la juste et inévitable punition de la violation de l'ordre même des lois physiques, instituées pour opérer le bien. Si un gouvernement s'écartait des lois naturelles qui assurent les succès de l'agriculture, oserait-on s'en prendre à l'agriculture elle-même de ce que l'on manquerait de pain, et de ce que l'on verrait en même temps diminuer le nombre d'hommes, et augmenter celui des malheureux ?" (Quesnay 1765, p. 734).

De sorte que, si l'institution d'une autorité politique est inévitable, ne serait-ce que pour protéger les propriétés contre le vol [16], elle devra elle-même se conformer aux lois physiques. Fondement d'une morale du bonheur, ce sont ces lois qui garantissent que les intérêts des individus, guidés par le désir des richesses, pourront converger et conduire, s'ils sont laissés à eux-mêmes, au meilleur état social. Dans ce dernier, le produit net dont Quesnay a déjà décrit les conditions d'obtention dans ses articles "Fermiers" [1756b] et "Grains" [1757a] est à son plus haut niveau et le "Tableau Économique" en donne la mesure sociale : il s'agit du royaume agricole que nous pouvons maintenant tenter de définir.

16. En effet, pour Quesnay, dans l'état de nature, les hommes qui vivent en communauté découvrent dans les lois de la nature physique les moyens de préserver leur existence. Et c'est pourquoi les hommes vivent alors en paix. Néanmoins, l'accroissement des richesses et de la population ne permet plus de garantir la sûreté des propriétés. Si la confiance peut en effet un certain temps suffire à éviter que le droit ne soit violé, en revanche, lorsque les richesses deviennent plus importantes, "plus exposées au pillage, la constitution de ces nations ne suffirait pas pour leur en assurer la propriété; il leur faudrait alors des lois positives écrites, ou de convention, et une autorité souveraine pour les faire observer; car leurs richesses, faciles à enlever et abandonnées à la fidélité publique, susciteraient aux compatriotes peu vertueux des désirs qui les porteraient à violer le droit d'autrui" (Quesnay 1765, p. 738).

2. *La définition d'une société conforme à la nature*

L'avènement de la société civile résultant de la nécessité de protéger les propriétaires contre le vol et la propriété étant protégée par la protection du revenu qu'il est possible de tirer de cette propriété, la définition du royaume agricole en découle : assurer la jouissance des richesses issues des propriétés aux propriétaires eux-mêmes, en leur imposant, ainsi qu'à tous, la règle du produit net [17]. Or, pour cela, encore convient-il de préciser le lien qui existe entre richesse et propriété, d'expliquer, autrement dit, cette règle du produit net. Ce faisant, cette analyse nous permettra de montrer la position très claire que Quesnay cherche à défendre, en s'appuyant sur l'évidence des lois physiques : il s'agit pour lui de penser d'un point de vue économique les rapports entre les membres de la société et donc aussi ceux que ces derniers entretiennent avec l'État afin que, composée d'individus intéressés, la société reste néanmoins soudée autour de la propriété, foncière en particulier [18].

C'est par l'étude du système productif agricole que Quesnay débute cette analyse dans les articles "Grains" et "Fermiers". Dans l'article "Fermiers", Quesnay met en évidence l'importance des richesses dans le processus productif. Pour ce faire, il procède à une distinction entre la grande et la petite culture. Il développe alors simultanément un point de vue technique - la grande culture est plus productive parce que les rendements physiques y sont accrus - et une analyse du statut social du cultivateur : la grande culture se distingue de la petite culture parce qu'elle suppose l'existence de riches fermiers qui, non seulement cultivent avec des chevaux et non plus avec des bœufs mais, surtout, possèdent le capital nécessaire pour effectuer les avances. En revanche, dans la petite culture, c'est le propriétaire des terres qui effectue ces avances (Quesnay 1756b, p. 428). Cette distinction est essentielle (Vaggi 1987, pp. 99-101, 140-142 ; Steiner 1987, pp. 1112-1114) car Quesnay est ainsi conduit à identifier le fermier à un "entrepreneur" qui "fait valoir son entreprise par son intelligence et par ses richesses" (Quesnay 1757a, p. 483). Dès lors, "le vrai laboureur est le riche fermier qui cultive en grand, qui gouverne, qui multiplie les dépenses pour augmenter les profits" (Quesnay 1756b, p. 454), de sorte que la grande culture est celle qui permet

17. Pour des raisons de place, nous limiterons ici cette analyse à la question du "bon prix", alors même qu'elle est également liée à la question fiscale (*cf.* Steiner 1987, pp. 1117-1120).
18. L'importance de la propriété dans l'économie politique physiocratique a déjà été mise en évidence par Philippe Steiner (Steiner 1987, pp. 1117-1123).

d'accroître la production [19]. De plus, à la différence des métayers qui cultivent eux-mêmes la terre avec leur famille (*idem.*, pp. 453-454), le fermier emploie de la main d'œuvre pour effectuer ses récoltes [20].

Aussi, pour Quesnay, l'accroissement de la production agricole passe par l'implantation de riches fermiers dans les campagnes grâce auxquels la grande culture, plus productive que la petite, peut être développée. Mais, fait-il remarquer,

> "on ne doit pas espérer d'y réussir, tant qu'on imaginera que l'agriculture n'exige que des hommes et du travail ; et qu'on aura pas d'égard à la sûreté et au revenu des fonds que le laboureur doit avancer" (*ibid.*, p. 448).

Or, poursuit-il, c'est pourtant ce qui semble avoir été le cas jusque-là car

> "[o]n entretient le blé à un prix très bas, dans un siècle où toutes les autres denrées et la main d'oeuvre sont devenues fort chères. Les dépenses du laboureur se trouvent donc augmentées de plus d'un tiers, dans le temps que ses profits sont diminués d'un tiers ; ainsi il souffre une double perte qui diminue ses facultés, et le met hors d'état de soutenir les frais d'une bonne culture : aussi l'état de fermier ne subsiste-t-il presque plus ; l'agriculture est abandonnée aux métayers, au grand préjudice de l'État" (*ibid.*).

Ce point de vue est alors explicité dans l'article "Grains". Dans ce dernier, Quesnay affirme en effet que seule l'existence d'un prix du blé à 18 livres le setier peut garantir au fermier un produit agricole en valeur suffisant à la fois pour payer les frais, la rente - fixée par le bail - et l'impôt - la doctrine de l'impôt unique n'étant pas à l'époque établie [21]. Pour le fermier, en effet, la rente et l'impôt font partie des coûts même si, du point de vue

19. Ainsi, pour Quesnay, "[o]n a cru que la politique regardait l'indigence des habitants de la campagne, comme un aiguillon nécessaire pour les exciter au travail : mais il n'y a point d'homme qui ne sache que les richesses sont le grand ressort de l'agriculture, et qu'il en faut beaucoup pour les cultiver (...). Ceux qui en ont ne veulent pas être ruinés : ceux qui n'en ont pas travailleraient inutilement, et les hommes ne sont point excités au travail, quand ils n'ont rien à espérer pour leur fortune; leur activité est toujours proportionnée à leur succès" (Quesnay 1756b, p. 437).

20. Ce qui permet, entre autres, de diversifier la culture des terres et, en particulier, de développer la culture des vignes, que Quesnay estime extrêmement rentable.

21. comme le montre le calcul des revenus de chaque groupe social proposé par François Quesnay (Quesnay 1757a, p. 463).

social, ils correspondent à un revenu (Vaggi 1987, pp. 80-88) de sorte que, pour pouvoir être engagée, la production en valeur doit être telle que son prix de vente couvre au moins ces coûts. Le prix de marché, la "valeur vénale" (Quesnay 1757c, p. 526) [22], ne doit pas être inférieur au coût de production, le "prix fondamental" (*idem.*, p. 529). En ce sens, comme l'écrit Vaggi "le prix fondamental est une sorte de limite inférieure au prix courant" (Vaggi 1987, p. 93) [23]. Pour Quesnay, cette limite est toujours respectée lorsque le prix est stabilisé à 18 livres le setier. En revanche, en dehors de ce cas, l'agriculture est, selon lui, sujette à des fluctuations de prix plus que proportionnelles à celles des quantités produites [24], ce qui se traduit par une diminution du gain du fermier - qui s'approprie dans les premiers écrits de Quesnay une partie du produit net pour subsister [25] - lorsque la production augmente en raison des variations climatiques. Or, dans cette situation, qui caractérise l'état actuel de la culture, apparaît une opposition d'intérêts entre les fermiers d'une part, et les consommateurs, les propriétaires fonciers et le gouvernement d'autre part (Steiner 1994, pp. 245-247, Demals et Delmas 1994, pp. 8-11). En effet, tandis que les fermiers ont intérêt aux mauvaises récoltes où la production est insuffisante mais le prix très élevé, de sorte qu'après paiement de la rente et de l'impôt, ils gardent un surplus positif (Quesnay 1757a, p. 464), les consommateurs préfèrent les bonnes années où le blé est abondant et à bas prix, de même que les propriétaires fonciers et le gouvernement qui, touchant un revenu fixe, voient leur pouvoir d'achat décroître lorsque le prix du blé augmente. L'intérêt du fermier est donc, dans cette situation, opposé au reste de la société.

Pourtant, cette situation n'est pas inéluctable. Car la variation du prix du grain n'a pas seulement pour origine les conditions climatiques de l'agriculture. La variation plus que proportionnelle des prix résulte des mauvaises décisions du gouvernement en matière de commerce. Telle est en particulier la situation actuelle où la politique colbertiste, que Quesnay remet explicitement en cause (*idem.*, p. 473), a "fait baisser le prix de nos blés, afin que la fabrication et la main d'œuvre fussent moins chères que chez l'étranger" (*ibid.*, p. 459).

---

22. Comme le souligne Gianni Vaggi (Vaggi 1987, pp. 40-42), il s'agit plus exactement du prix sur le marché de première main où les transactions se font entre les fermiers qui produisent les biens et les marchands qui les leur achètent (*cf.* Quesnay 1766d, p. 750).

23. Notre traduction.

24. qui révèle ce que l'on appelle un "effet-King" (Steiner 1994, pp. 232-236; Delmas et Demals 1994, pp. 4-10).

25. La répartition du produit, une fois retranchés du produit la dîme et les frais, étant la suivante : 3/5 pour le propriétaire, 1/5 pour la taille et 1/5 pour le fermier. (*cf.* Quesnay 1757a, p. 463).

Rétablir le commerce international doit donc devenir l'objectif essentiel du bon gouvernement, celui qui conduirait la société actuelle à se conformer à la nature et ainsi à atteindre une situation d'abondance qui caractérise l'opulence, où le produit net agricole, grâce à l'établissement du "bon prix", est à son plus haut niveau. Mais une société qui ne saurait pour autant être soumise aux lois physiques puisque le commerce ferait non seulement disparaître les variations plus que proportionnelles des prix par rapport aux quantités, mais stabiliserait de surcroît le prix à ce niveau que Quesnay suppose égal à 18 livres le setier de blé. De sorte que le prix ne serait même plus déterminé par les conditions climatiques : quel que soit le niveau de production obtenu, le prix resterait, grâce au commerce extérieur, égal à 18 livres le setier de blé. Et c'est pourquoi la production pourrait être abondante. En cas de mauvaise récolte, la libre importation permettrait de maintenir le prix, de même que la libre exportation en cas de bonne récolte. Le fermier aurait alors intérêt à ce que les récoltes soient bonnes, son gain s'accroissant proportionnellement aux quantités produites, sa commercialisation étant garantie à "bon prix". Tel est donc ce dernier : celui qui, garantissant un prix stable et élevé, ferait aller de pair la rentabilité du fermier et la productivité des sols, déterminant ainsi le haut niveau de la production agricole.

En outre, l'argumentaire de Quesnay fait également apparaître un second élément dans la compréhension du mécanisme qui, expliquant le gain du fermier, permet de comprendre que la production soit augmentée par le "bon prix". Et ici, une fois encore, les conditions climatiques ne sont toujours pas en cause. Cet élément nouveau, c'est l'idée que, sans la liberté du commerce et la stabilisation du prix à 18 livres le setier de blé qui l'accompagne, le fermier est ruiné lors des bonnes récoltes, ce qui diminue d'autant les possibilités de production dans les années qui suivent. Il est en effet ruiné parce qu'il ne peut payer, au bas prix résultant de l'abondance des récoltes non exportables, à la fois les frais, la rente et l'impôt. Or puisqu'il est clair qu'il ne saurait se soustraire au paiement de la rente ni à celui de l'impôt, ce sont donc les frais qui sont entamés, à savoir les avances, ou le revenu du fermier. Rappelons en outre que, pour Quesnay, dans les mauvaises années où le fermier gagne, il ne gagne cependant que peu. Ce gain ne saurait par conséquent suffire à compenser la perte des bonnes années, qui entame le revenu ou les frais du fermier. D'où il résulte que le commerce est l'élément déterminant de la productivité de l'agriculture parce que le fermier, ayant intérêt à accroître la production, va de surcroît récupérer - au moins - les frais de culture lui permettant de reconduire - au moins - la production à son niveau antérieur, compte-tenu des aléas climatiques, sans réduire son revenu :

"il n'y a que la facilité du débit à bon prix, qui puisse maintenir l'abondance et le profit" (*ibid.*, p. 461).

Ainsi, à travers la question du "bon prix", Quesnay est conduit à associer le gain du fermier à la reconstitution des avances et du revenu du cultivateur et, de ce fait, à lier la convergence des intérêts des fermiers, des consommateurs, des propriétaires et du gouvernement à ces deux éléments déterminants pour atteindre l'état d'abondance (Vaggi 1987, p.121, 129-135). De sorte que, pour Quesnay, la théorie du produit net montre qu'il est nécessaire de garantir tout d'abord l'intérêt du fermier, c'est à dire, de lui assurer son gain en vue de lui donner la sûreté de sa propriété, par l'établissement du "bon prix" grâce à la libre circulation du blé. Mais cette théorie conduit également à mettre en évidence qu'il est nécessaire de garantir l'intérêt du fermier en vue de satisfaire l'intérêt de tous les autres membres de la société, dès lors soudée autour de la propriété foncière. Autrement dit, la théorie du produit net montre qu'il existe un lien étroit entre la propriété et le revenu du fermier qui doit être reconnu pour éviter de détruire l'un et l'autre. Un lien que Quesnay étend à tous les membres de la société, comme nous allons tenter de le montrer à présent et à partir duquel il donne, pour la première fois dans l'histoire de la pensée économique, une représentation économique cohérente et ordonnée de la société. En effet, sans apporter ici une réponse à la question épineuse du profit [26], la notion du "bon prix" faisant apparaître un lien essentiel entre le montant du produit net et les avances dans la production et le gain du fermier, il est néanmoins nécessaire de souligner deux phénomènes. Tout d'abord la théorie du produit net n'est pas liée à une confusion dans l'esprit de Quesnay entre la productivité des sols et la rentabilité de la production. Surtout, elle se rapporte très explicitement à une réflexion sur les rapports sociaux entre propriétaires fonciers et cultivateurs (Vaggi 1987, p.141). L'article "Fermiers" qui précède l'article "Grains" ne peut d'ailleurs laisser aucun doute sur ce point.

Dans cet article où nous avons rappelé que Quesnay, distinguant entre la grande et la petite culture, met en évidence l'importance des richesses dans le processus productifs, le rapport entre le propriétaire et le métayer est

---

26. qui sera de toute façon évacuée en tant que telle par Quesnay lorsqu'il attribuera, dans les textes ultérieurs, le produit net aux seuls propriétaires, et, incluant le revenu du fermier dans les frais, lui donnera un statut semblable au "salaire" au sens où il ne sera pas défini proportionnellement à la masse des "capitaux investis" dans l'agriculture. L'analyse du profit chez Quesnay est notamment présentée par W.A. Eltis (Eltis, 1975), Ronald L. Meek (Meek 1959) ou encore Vaggi (Vaggi 1985; 1987, pp. 121-164).

extrêmement différent de celui que le propriétaire entretient avec le riche fermier. En effet, le métayer dépend du propriétaire pour effectuer les cultures, ce qui n'est plus le cas du fermier. Car le fermier qui loue les terres au propriétaire est un entrepreneur, c'est à dire un homme libre, qui agit en fonction de ses intérêts particuliers, qu'il connaît mieux que quiconque, et qui sait du même coup mieux que quiconque quel doit être le gouvernement des sociétés : "le gouvernement économique de la culture des terres d'une ferme" n'est-il pas "un échantillon du gouvernement général de la nation" (Quesnay 1767a, p. 923) ? Qu'en est-il alors du propriétaire ? Si la grande culture doit être préférée à la petite, parce que le produit net y est plus élevé, c'est que l'intérêt du propriétaire s'est également modifié : il n'est plus seulement dans son intérêt politique de posséder des terres, mais également, mais d'abord, dans son intérêt économique.

La distinction entre la petite et la grande culture est ainsi essentielle parce qu'elle consiste à mettre l'accent sur les conditions économiques de la production agricole et, ce faisant, offre un regard neuf sur les rapports de propriété. Les rapports entre les hommes sont, à travers l'analyse des conditions de production agricole, subrepticement subordonnés aux relations entre les hommes et les choses. Néanmoins, cette analyse ne conduit pas Quesnay à remettre en cause la place centrale tenue par les propriétaires fonciers dans la société. Le produit net ne peut en effet être accru que par l'accroissement de la production agricole, selon Quesnay, de sorte que c'est autour de leur propriété que la société doit être soudée. De plus, si les fermiers, en mettant en oeuvre la production, jouent un rôle crucial dans le processus permettant l'accroissement de la production agricole, les propriétaires, en dépensant leurs revenus, jouent également un rôle important sinon décisif dans la reproduction du produit net agricole (Vaggi 1987, pp. 132-134). L'analyse que Quesnay opère lui permet donc seulement - mais c'est là l'essentiel - de penser cette place autrement - c'est à dire d'un point de vue économique.

Dès lors, en remettant en cause la politique de l'État envers les fermiers, Quesnay exige que l'agriculture se retrouve dans des conditions économiques semblables à celles de l'industrie. Il ne cherche donc pas à "protéger" l'agriculture. Il cherche au contraire à briser les monopoles des marchands et les privilèges des manufactures. Il souhaite ainsi garantir la propriété dans l'agriculture comme dans l'industrie en considérant le fermier, au même titre que le propriétaire foncier, comme un propriétaire dont "la dignité est égale de part et d'autre" (Quesnay 1767b, p. 971). La position de Quesnay est simple et elle repose sur l'idée que si l'industrie est stérile, rien ne s'oppose cependant à son développement. C'est en effet contre les richesses pécunières que s'insurge Quesnay (*cf.* Quesnay 1757b, pp. 580-

583) [27]. Or, celles-ci sont favorisées lorsque, la libre circulation des grains étant empêchée, les monopoles des marchands [28] et les privilèges accordés aux manufactures réduisent le produit net agricole à un petit produit, concurrencent le commerce des produits de luxe entretenus par les pays étranger, réduisent la consommation à un petit débit (la production de subsistance étant réduite et la consommation de luxe ne pouvant concerner un marché étendu), en bref lorsque le "luxe de décoration "est privilégié par rapport au "faste de subsistance" (*idem.*, p. 954). Car, ne l'oublions pas, le faste de subsistance est précisément ce qui, faisant de la production agricole la source primitive du revenu, permet l'importation du grain en cas de mauvaises récoltes, mais également l'exportation du grain en cas de bonnes récoltes, le niveau de production étant de surcroît accru d'une manière générale. L'exportation permise, l'accès aux biens de luxe produits par les nations étrangères qui ne peuvent développer l'agriculture comme en France est ainsi établi, avec l'accroissement de la production agricole. C'est la transformation du blé, de bien de subsistance essentiel en un bien dont la demande est devenue relativement élastique au regard de la production (Steiner 1994, p. 238).

D'ailleurs, le point de vue social porté sur les propriétaires fonciers, dirigés par leur intérêt et non plus définis comme des maîtres sur leurs terres, justifie cette défense, par le "faste de subsistance", des consommations de luxe. N'est-ce pas le propriétaire foncier qui consomme les biens de luxe, n'est-ce pas de son revenu, et donc du produit de la terre, que dépend la production de luxe elle-même ? De ce fait, la place du propriétaire dans la société n'est évidemment pas remise en cause : elle reste centrale. Les intérêts de tous les individus pour les richesses sont en effet liés à l'intérêt qu'y portent les propriétaires fonciers. Mais elle ne s'apparente pas un plaidoyer contre la production industrielle, contre le commerce étranger, contre la différenciation économique de la société. Sur ce point la position de Quesnay est même plus souple qu'il n'y paraît a priori : ne défend-il la légitimité des "républiques commerçantes" pour les pays, comme la Hollande, qui ne disposent pas d'un territoire aussi étendu que celui de la France pour devenir des "royaumes agricoles" ? (Quesnay 1767c, pp. 852-853).

Or, c'est précisément dans ce cadre que la défense du despotisme légal

27. Cette position est continuellement défendue par Quesnay.

28. Rappelons que ceux-ci profitent, contre les acheteurs et les vendeurs, de la variation de prix agricoles qui se traduit par l'établissement d'un prix de vente inférieur au prix d'achat. Or, tout acheteur étant également vendeur, il résulte que personne, hormis le commerçant, n'a intérêt à l'inégalité des prix. Dit autrement, le comportement des acheteurs et celui des vendeurs devraient, s'ils n'étaient pas entravés par l'action du marchand, conduire à l'établissement d'un "prix général et commun" (Quesnay 1757c, p. 527).

prend tout son sens. Pour Quesnay, en effet, l'institution de l'État ayant une utilité sociale directement établie sur la norme du produit net, consistant à protéger la propriété en garantissant un revenu, celle-ci doit par conséquent fonder à la fois sa légitimité, son moyen d'existence et son rôle dans la société. A cette fin, il est alors logique que l'État soit co-propriétaire des terres. Son intérêt est ainsi semblable à celui des propriétaires. Il est de ce fait justifié qu'il s'attribue, sous forme d'impôt, une part du produit net. Cela le conduit à agir sur la base de considérations économiques, en vue d'obtenir le plus grand produit net possible. Ce qui caractérise, pour Quesnay, le despotisme légal.

Ce dernier, en effet, contrairement à "une autorité monarchique", une "autorité démocratique", ou encore une "autorité aristocratique" (cf. Quesnay 1765, pp. 738-739 ; 1767a, pp. 918-919), n'est plus soumis au politique. Il n'est plus cet État dont l'autorité s'exprime par le biais des lois positives au lieu de se présenter comme "une dépendance de l'ordre naturel et immuable, l'archétype des gouvernements" (Quesnay 1765, p. 739). Il convient en effet de différencier le despotisme arbitraire, critiqué par Montesquieu, du despotisme légal des physiocrates (Steiner 1984b, pp. 306-307). Pour ces derniers, le despotisme légal n'est en effet pas une régulation despotique. Car ce n'est pas "la parole du despote légal qui fait la loi, mais c'est la loi qui despotiquement forme la parole du prince" (*idem.*, p. 307). Expression d'une autorité "unique et impartiale" (Quesnay 1767a, p. 919), le despotisme légal ne serait plus "arbitraire", affirme Dupont de Nemours (1768, p. 35 note 1), comme un État de droit car, comme le souligne Quesnay, il ne se trouverait plus gouverné par l'empire des passions effrénées des hommes, par leurs intérêts opposés, contradictoires, par leurs hésitations, leurs préjugés ou encore leur ignorance (Quesnay 1765, p. 739). Légal, il le serait en outre parce qu'il se conformerait lui-même aux lois naturelles physiques - celles qui assurent chacun de ses propriétés en lui permettant d'en tirer un revenu -, celles qui constituent, aux yeux de Quesnay, la forme idéale de gouvernement. En effet,

> "la raison éclairée, conduite, et parvenue au point de connaître avec évidence la marche des lois naturelles, devient la règle nécessaire du meilleur gouvernement possible, où l'observation de ces lois souveraines multiplieraient abondamment les richesses nécessaires à la subsistance des hommes, et au maintien de l'autorité tutélaire, dont la protection garantit, aux hommes réunis en société, la propriété de leurs richesses, et la sûreté des personnes" (*idem.*, p. 742).

Ainsi, par son autorité, le despote éviterait de soumettre l'économie au politique - à sa seule puissance [29] - soumettant, au contraire le politique à l'économie - au seul pouvoir qu'apportent les richesses.

Ce faisant, on retrouve dans les écrits de François Quesnay l'ambition essentielle de l'utilitarisme, de construire une société transparente, laquelle exige le recours vigilant à une autorité politique qui servent les intérêts de la société civile (Cot 1992, 297-298) [30]. Mais en fait, la fonction de l'État consiste essentiellement à faire place nette à la norme, c'est à dire à libérer le chemin qui sépare l'idéal physique de la réalité sociale des obstacles qui le rendraient, sinon, impraticable. Quels obstacles ? Ceux qui résulteraient d'idées "factices" édictées par le gouvernement en lois positives, qui conduiraient les hommes à se conduire contrairement aux lois physiques, contrairement donc à leurs intérêts bien-entendus, et finalement contre les intérêts de tous. Ceux instaurés par les hommes qui, à défaut d'avoir saisi le lien entre richesse et propriété, détruisent finalement l'un et l'autre et conduisent la société à la faillite et à l'état de guerre.

Conclusion

Ainsi, fonder l'économie sur la connaissance des lois physiques et défendre la théorie du produit net consiste pour Quesnay à inscrire les relations sociales dans un nouveau rapport à autrui : l'échange marchand [31]. Et c'est précisément parce que le non respect de la règle du produit net obscur-

29. Notons à ce propos que le despote, concentrant tous les pouvoirs, ne risque pas, à l'instar des autres types de gouvernements, de faire jouer à son profit les lois de la nature car l'intérêt du souverain et celui de la nation sont les mêmes (*cf.* Quesnay 1767a, p. 920). De plus, le despote n'a qu'un pouvoir exécutif, nullement un pouvoir législatif. Pourquoi, dès lors, chercher à établir des contre-pouvoirs ? Ne serait-ce pas à nouveau concevoir l'État d'un point de vue politique, alors que le despote est précisément celui qui soumet le politique - la puissance du souverain - à l'économie - son pouvoir n'étant lui-même lié qu'au désir des richesses, c'est à dire à l'obtention du plus grand produit net possible ?

30. Cette conception de l'État a été mise en évidence chez Quesnay par Ragip Ege. Cet auteur souligne effet que la conception de l'État proposée par Quesnay consiste à dégager le champ social de toute subjectivité, de toute incertitude, c'est à dire à la fois à soumettre les comportements intéressés à une connaissance objective du bien et du mal physique et à éliminer tout risque d'arbitraire dans le domaine politique (Ege 1994).

31. Sur ce point, nous nous opposons donc à Catherine Larrère (Larrère 1992, pp. 212-213). Remarquons, par ailleurs, que la manière dont Quesnay inscrit les relations sociales dans un nouveau rapport à autrui, à savoir l'échange marchand, prend une forme spécifique, différente en particulier de celle que propose Smith. En effet, Quesnay l'établit en référence à sa propre conception de l'ordre naturel, différente de celle défendue par Smith. C'est ainsi, par exemple, que la question du prix n'est abordée par Quesnay que pour un marché spécifique, celui du blé, ce qui n'est évidemment pas le cas avec Smith.

cit ce rapport social, sépare au lieu de lier, que Quesnay en fait une norme. Celle-ci établit un lien essentiel entre richesse et propriété, dont l'idée trouve son fondement dans la conception quesnayenne de l'ordre naturel. Aussi, la norme du produit net est-elle l'instrument dont l'État se sert pour faire rempart contre toute autre forme d'organisation sociale [32] : il consiste à écarter du chemin les obstacles qui empêcheraient les individus de poursuivre leurs intérêts en vue de leur plus grand avantage et qui les conduiraient à s'opposer. Et c'est pourquoi, en ce sens, on peut dire que le royaume agricole constitue "l'utopie" [33] d'une société conforme à la nature.

Université de Lille I
CLERSÉ

32. Cette conception de l'État caractérise pour Pierre Rosanvallon le "paradoxe physiocratique" (Rosanvallon 1979, pp. 50-57).
33. Le terme est de Jean Cartelier (Cartelier 1991, p. 9).

BIBLIOGRAPHIE

ALLIX Edgard (1911), "Le physicisme des Physiocrates", *Revue d'Économie Politique*, pp. 563-586.

CARTELIER Jean (1991), "L'Économie Politique de François Quesnay - ou l'Utopie du Royaume Agricole", in *Physiocratie*, Paris, GF-Flammarion, pp. 9-64.

COT Annie L.(1992), "Jeremy Bentham : un "Newton de la Morale"", in Béraud Alain et Faccarello Gilbert, éd., *Nouvelle Histoire de la Pensée Économique*, Paris, La Découverte, pp. 289-301.

DELMAS Bernard et DEMALS Thierry (1990), "Du Pont et les "Éclectiques" : La Controverse sur la Stérilité pendant la Période Révolutionnaire", in Faccarello Gilbert et Steiner Philippe, éd., *La Pensée Économique pendant la Révolution Française*, Grenoble, PUG, pp. 123-139.

DELMAS Bernard et DEMALS Thierry (1994), "Le "Bon Prix" sans la "Cherté" : la Quadrature du Cercle des Prix chez François Quesnay", communication présentée au colloque sur le *Tricentenaire de la Naissance de François Quesnay*, Versailles.

DERATHÉ Robert (1950), *Jean-Jacques Rousseau et la Science Politique de son Temps*, Paris, Vrin, 1988.

DUMONT Louis (1977), *Homo Æqualis - Genèse et Épanouissement de l'Idéologie Économique*, Paris, NRF-Gallimard, Bibliothèque des Sciences Humaines.

DUPONT DE NEMOURS Pierre Samuel (1767), *Physiocratie ou Constitution Naturelle du Gouvernement le plus Avantageux au Genre Humain*, Paris, Merlin.

DUPONT DE NEMOURS Pierre Samuel (1768), *De l'Origine et des Progrès d'une Science Nouvelle*, Paris, Librairie Paul Geuthner, collection des Économistes et des Réformateurs sociaux de la France, 1910.

DUPONT DE NEMOURS Pierre Samuel (1815), "Lettre à Jean-Baptiste Say du 22 avril 1815", *Manuscrit*, Hagley Museum Library : W2 - 4918.

EGE Ragip (1994), "Sur le Libéralisme Paradoxal de François Quesnay", communication présentée au colloque sur le *Tricentenaire de la Naissance de François Quesnay*, Versailles.

ELTIS W. A. (1975), "Quesnay, a Reinterpretation : The Theory of Economic Growth", *Oxford Economic Paper*, Vol. XXVII, n° 3, pp. 327-351.

GIACOMETTI Jacques (1985), "Physique et Métaphysique dans l'ordre naturel : le Tableau Économique de F. Quesnay", *Économies et Sociétés - Cahiers de l'ISMEA, Œconomia*, série PE, n° 3, pp. 173-196.

GOUTTE Pierre-Henri (1985),"Évidence, Ordre Naturel et Science Économique dans l'Œuvre de Quesnay", in Klotz Gérard, éd., *Ordre, Nature, Propriété*, Presses Universitaires de Lyon, pp. 119-179.

HIRSCHMAN Albert Otto (1977), *Les Passions et les Intérêts*, trd. frse Pierre Andler, Paris, PUF, 1980.

KUBOTA Akiteru (1958), "Quesnay, Disciple de Malebranche", in *François Quesnay et la Physiocratie*, Paris, INED-PUF, 1958, pp. 169-196.

LALLEMENT Jérôme (1993), "Économie Politique et Morale : L'Héritage de Mandeville", *Économies et Sociétés - Cahiers de l'ISMEA, Œconomia,* série PE, n° 18, décembre, pp. 11-31.

LARRERE Catherine (1992), *L'Invention de l'Économie au XVIIIème siècle - Du Droit Naturel à la Physiocratie*, Paris, PUF.

LARRERE Catherine (1994), "Malebranche revisité : l'Économie Naturelle des Physiocrates", *Dix-huitième Siècle*, n°26, pp. 117-138.

MANDEVILLE Bernard (1714), *La Fable de Abeilles ou les Vices Privés font le Bien Public*, trd. frse Lucien et Paulette Carrive, Paris, Vrin, 1974.

MEEK Ronald L. (1959), "The Physiocratic Concept of Profit", *Economica*, Vol. XXVI, pp. 39-53.

ROSANVALLON Pierre (1979), *Le Capitalisme Utopique - Critique de l'Idéologie Économique*, Paris, Seuil.

QUESNAY François (1756a), "Évidence", in *François Quesnay et la Physiocratie*, Paris, INED-PUF, 1958, pp. 397-426.

QUESNAY François (1756b), "Fermiers", in *François Quesnay et la Physiocratie*, Paris, INED-PUF, 1958, pp. 427-458.

QUESNAY François (1757a), "Grains", in *François Quesnay et la Physiocratie*,

Paris, INED-PUF, 1958, pp. 459-510.

QUESNAY François (1757b), "Impôts", in *François Quesnay et la Physiocratie*, Paris, INED-PUF, 1958, pp. 579-618.

QUESNAY François (1757c), "Hommes", in *François Quesnay et la Physiocratie*, Paris, INED-PUF, 1958, pp. 511-578.

QUESNAY François (1765), "Le Droit Naturel", in *François Quesnay et la Physiocratie*, Paris, INED-PUF, 1958, pp. 729-742.

QUESNAY François (1766a), "Analyse de la Formule Arithmétique du Tableau Économique", in *François Quesnay et la Physiocratie*, Paris, INED-PUF, 1958, pp. 793-812.

QUESNAY François (1766b), "Sur les travaux des Artisans", in *François Quesnay et la Physiocratie*, Paris, INED-PUF, 1958, pp. 885-912.

QUESNAY François (1766c), "(Premier) Problème Économique", in *François Quesnay et la Physiocratie*, Paris, INED-PUF, 1958, pp. 859-877.

QUESNAY François (1766d), "Réponse au Mémoire de M. H.", in *François Quesnay et la Physiocratie*, Paris, INED-PUF, 1958, pp. 749-758.

QUESNAY François (1767a), "Despotisme de la Chine", in *François Quesnay et la Physiocratie*, Paris, INED-PUF, 1958, pp. 917-934.

QUESNAY François (1767b), "Maximes Générales du Gouvernement Économique du Royaume Agricole", in *François Quesnay et la Physiocratie*, Paris, INED-PUF, 1958, pp. 949-976.

QUESNAY François (1767c), "Dialogue entre M. H. et M. N. (sur le Commerce)", in *François Quesnay et la Physiocratie*, Paris, INED-PUF, 1958, pp. 813-858.

RETAT Pierre (1985), "La Jouissance Physiocratique", in Klotz gérard, éd., *Ordre, Nature, Propriété*, Presses Universitaires de Lyon, pp. 179-191.

ROSANVALLON Pierre (1979), *Le Capitalisme Utopique - Critique de l'Idéologie Économique*, Paris, Seuil.

SCHUMPETER Joseph Alois (1954), *Histoire de l'Analyse Économique*, trd. frse sous la direction de J. C. Casanova, Paris, NRF-Gallimard, bibliothèque des sciences humaines, 3 vol., 1983.

STEINER Philippe (1984a), *Les Physiocrates : de la Pensée Économique à l'Économie Politique*, Thèse de IIIème cycle, Université de Paris X-Nanterre.

STEINER Philippe (1984b), "Régulation Despotique ou Despotisme Légal ?

Commentaire sur une Interprétation Récente du Tableau Économique", *Revue d'Économie Politique,* Vol. 94, n°2, pp. 301-308.

STEINER Philippe (1987), "Le Projet Physiocratique : Théorie de la Propriété et Lien Social", *Revue Économique*, Vol. 38, n° 6, juil-nov., pp. 1111-1128.

STEINER Philippe (1994), "Demand, Price and Net Product in the Early Writings of F. Quesnay", *The European Journal of History of Economic Thought,* 1 : 2 Spring, pp. 231-251.

PHILIPPE Steiner (1998), *La "Science Nouvelle" de l'Économie Politique*, PUF.

VAGGI Gianni (1985), "The Role of Profit in Physiocratic Economics", *History of Political Economy*, Vol. 17, n°3, Fall, pp. 367-384.

VAGGI Gianni (1987), *The Economics of François Quesnay*, London, Macmillan, Studies in Political Economy.

L'IMPACT DU PROGRES TECHNIQUE SUR LA CROISSANCE DANS UN MODELE À GÉNÉRATIONS DE CAPITAL.

Marc GERMAIN et Alphonse MAGNUS

Résumé

Le but de ce papier est d'étudier l'impact du progrès technique sur la croissance au moyen d'un modèle à générations de capital. Une telle structure du capital permet d'intégrer l'idée schumpéterienne de création destructrice, au sens où l'obsolescence du capital existant résulte de l'incorporation du progrès technique à travers l'investissement en nouveaux équipements. Le taux de croissance est endogène à la manière d'Harrod-Domar et dépend d'un taux de progrès technique qui demeure exogène, contrairement à ce qui se produit dans le cadre de la théorie de la croissance endogène. Le modèle se ramène à un système d'équations différentielles aux différences linéaires. En dessous d'un certain seuil de progrès technique, l'économie tend asymptotiquement vers un sentier de croissance à taux constant. Au delà, le modèle se comporte de façon oscillatoire autour d'un état stationnaire. Même si son impact est positif dans un contexte d'équilibre partiel, une hausse du taux de progrès technique a un impact négatif sur la croissance dans un contexte d'équilibre général.

Abstract: The Impact of Technical Change on Grwth in a Vintage Capital Model

This paper focuses on the impact of technical progress on growth in the framework of a vintage capital model. This structure of capital allows for creative destruction, in the sense that the obsolescence of capital results from embodied technical progress in new equipments. The rate of growth is endogenous in Harrod-Domar's way and depends on a rate of technical progress which remains exogenous, contrary to what happens in endogenous growth theory. The model reduces to a system of linear differential-difference equations. Under a certain level of technical progress, the rate of growth is asymptotically constant. Above it, the model oscillates around a stationary state. Even if its impact is positive in a partial equilibrium context, an increase in the rate of technical progress has a negative impact on growth in a general equilibrium framework.

Classification JEL : C69, O30, O41

Introduction

Après être rentrée quelque peu en léthargie au début des années 70, la théorie de la croissance connaît depuis quelques années un regain d'intérêt, qui a conduit à de multiples développements en des sens divers (cf. Lordon (1991) pour une revue de cette littérature). Parmi ces derniers, la *théorie de la croissance endogène* cherche à dépasser certaines limites des modèles néoclassiques construits dans la tradition de Solow (1956) et en particulier, le fait que dans ce type de modèles, la croissance est déterminée par des facteurs exogènes (croissance démographique et progrès technique "tombant du ciel"). La théorie de la croissance endogène parvient à dépasser cette limite en endogénéisant le progrès technique lui-même, par l'introduction des rendements croissants.

D'une façon différente, la présente contribution cherche également à dépasser le déterminisme simple qui lie les taux de croissance nécessaire et naturel [1] dans les modèles à la Solow. Pour ce faire, nous postulons d'abord une structure de capital à générations avec facteurs de production complémentaires (*clay-clay*). Une telle structure du capital permet en effet d'intégrer l'idée schumpéterienne de *création destructrice*, au sens où l'obsolescence du capital existant résulte de l'incorporation du progrès technique à travers l'investissement en nouveaux équipements plus performants. Ensuite, nous évacuons tout mécanisme d'ajustement du taux de croissance nécessaire à un taux de croissance naturel exogène via, comme le supposent les modèles néo-classiques, une flexibilité salariale assurant le plein-emploi. Nous obtenons en conséquence un modèle où le taux de croissance est endogène à la manière de Harrod-Domar et dépend de façon non triviale du taux de progrès technique [2].

1. Le taux de croissance naturel se définit comme la somme du taux de croissance de la population active et du taux de progrès technique. Le taux de croissance nécessaire se définit comme le rapport entre l'investissement net désiré et le stock de capital.
2. Ce dernier demeurant exogène, contrairement à ce qui se produit dans le cadre de la théorie de la croissance endogène.

En outre, afin d'être réalisable à long terme, ce taux de croissance doit être inférieur ou égal au taux de croissance naturel. En ce sens et selon la typologie de Hahn-Matthews (1972), notre modèle peut être qualifié de *modèle d'équilibre de sous-emploi*, dans la mesure où "Il repose sur l'hypothèse que le sous-emploi, et même un sous-emploi croissant, n'est pas incompatible avec l'équilibre... Ces modèles [de sous-emploi] ont été présentés comme des approximations de la réalité par des auteurs qui ne croient pas que le système capitaliste puisse permettre le plein-emploi (ou même un niveau constant de chômage) ou qui pensent que la croissance de la population et/ou le progrès technique réagissent sensiblement aux forces économiques, si bien que l'ajustement se produit du côté du taux naturel" (Hahn-Matthews, 1972, p. 9 et 10).

Comme le soulignent d'Autume et Michel (1993), les modèles à générations de capital sont complexes, ce qui explique que malgré leur intérêt, on ne les rencontre pas très souvent dans la littérature. Pour les résoudre, l'usage est d'essayer une solution particulière sous la forme d'une exponentielle à taux constant. Mais on ne peut pas toujours garantir que c'est bien vers celle-ci que le modèle va tendre. Nous nous démarquons de cette approche en recourant à la théorie des *équations différentielles aux différences*, ce qui nous permet de dériver la solution générale du modèle et de mettre en lumière l'existence de comportements oscillatoires.

La structure de l'article est la suivante. La première section présente un modèle d'équilibre général dynamique avec générations de capital. Afin de réduire les complications et les problèmes de robustesse liées à la structure hétérogène du capital [3], on suppose que les agents ont des attentes myopes, ce qui revient à supposer que leur horizon temporel est limité à une période. Le modèle permet d'abord de vérifier le phénomène de *croissance destructrice* dans un contexte d'*équilibre partiel* : une hausse du taux de progrès technique a un impact positif sur l'accumulation du capital au niveau de la firme, et ce bien que l'âge du plus vieil équipement en activité diminue. On se démarque des modèles néo-classiques en supposant que le salaire évolue selon le progrès technique affectant le travail et non qu'il y a plein-emploi [4]. Le salaire étant déterminé, le taux d'intérêt s'ajuste de façon à assurer l'équilibre sur le marché des biens (ou de façon équivalente l'égalité entre épargne

3. Ainsi, l'introduction d'une telle structure dans un problème d'optimisation intertemporelle se traduit (sauf cas particuliers) par une modélisation mathématique difficile à exploiter, même numériquement (cf. Boucekkine et al. 1997).

4. Ou taux de chômage constant. L'article pionnier en matière de technologie clay-clay de Solow et al. (1966) n'envisage pour l'essentiel que des sentiers où le taux de croissance est égal à la somme des taux de progrès technique et de croissance de la population, tous deux exogènes.

des ménages et besoin de financement des entreprises). Dans la section 2, le comportement du modèle est analysé sous l'hypothèse que le taux de progrès technique est constant. Il en découle que l'âge de la plus vieille génération en activité est aussi constant. Le modèle se réduit alors à un système d'équations différentielles aux différences linéaires dont on peut cerner la dynamique. La solution générale s'écrit comme une somme infinie d'exponentielles d'exposants réels ou complexes. En dessous d'un certain seuil de progrès technique, l'économie tend asymptotiquement vers un sentier de croissance à taux constant. Au delà, le modèle se comporte de façon oscillatoire (amortie ou explosive) autour d'un état stationnaire. L'analyse montre que dans un contexte d'*équilibre général,* une hausse du taux de progrès technique a un impact négatif sur le taux de croissance de la production et de l'emploi (et ce, malgré l'effet positif observé plus haut dans un contexte d'équilibre partiel). La hausse du taux de progrès technique se traduit en effet par un excédent de demande sur le marché des biens, qui ne peut être corrigé que par une croissance désirée moins forte impliquant une baisse de l'accumulation. On termine par une rapide étude de la sensibilité du taux de croissance à l'égard des autres paramètres. Il en ressort notamment qu'une augmentation du taux de marge induit, ceteris paribus, une croissance plus élevée suite à l'amélioration de la profitabilité des entreprises.

1. Le modèle

L'économie est fermée et comprend des ménages et des entreprises. Les ménages perçoivent des revenus salariaux et financiers, qui s'ajoutent à leur patrimoine. Une partie de celui-ci est consacrée à l'achat de biens de consommation, le reste étant épargné. Les entreprises produisent des biens d'investissement et de consommation, au moyen de travail et de capital. Leurs ventes permettent de payer salaires et charges financières et de dégager un profit qui sert à financer l'investissement. Si les entreprises dégagent un besoin net de financement, elles recourent à l'emprunt auprès des ménages.

1.1. Le comportement des entreprises.

Le stock de capital est formé des générations d'équipement correspondant aux investissements successifs réalisés dans le passé. Au niveau de chaque génération, les facteurs de production (équipement et travail) sont complémentaires *ex ante* et *ex post*, c'est-à-dire avant et après son installation. Le progrès technique est incorporé dans les machines et neutre au sens de Harrod. Le stock de capital est donc formé d'un continuum de machines caractérisées par une productivité du travail décroissante avec l'âge. Dans un contexte de concurrence monopolistique, la firme choisit pour la période en cours, le montant de son investissement i_j et l'âge de la plus vieille génération en activité T_j (aussi appelé marge extensive) de façon à maximiser son profit (en termes réels) [5]:

$$\max_{\substack{i_{j,t}\geq 0\\ T_{j,t}\geq \Delta t}} \pi_{j,t} = p_{j,t}y_{j,t} - w_t l_{j,t} - \rho_t \Omega^f_{j,t} \qquad (1)$$

où
$$y_{j,t} = \frac{i_{j,t}}{b}\Delta t + \int_{t-T_{j,t}}^{t-\Delta t} \frac{i_{j,\nu}}{b}\, d\nu \qquad (2)$$

$$l_{j,t} = q_t \frac{i_{j,t}}{b}\Delta t + \int_{t-T_{j,t}}^{t-\Delta t} q_\nu \frac{i_{j,\nu}}{b}\, d\nu \qquad (3)$$

$$p_{j,t} = \left[\frac{d_{j,t}}{y_{j,t}}\right]^{1/\varepsilon} \qquad (4)$$

$$\Omega^f_{j,t} = \Omega^f_{j,t-\Delta t} + [i_{j,t} - \pi_{j,t}]\Delta t. \qquad (5)$$

Le premier terme de l'objectif est le chiffre d'affaire $p_j y_j$, où p_j est le prix relatif et y_j la production. Le deuxième terme représente la masse salariale wl_j, où w est le salaire et l_j l'emploi. Le dernier terme représente les charges financières, où p est le taux d'intérêt réel et $\Omega^f_{j,t}$ l'endettement de la firme j au temps t. Δt est la durée de la période : on considère la variation des grandeurs économiques de l'instant t-Δt à l'instant t. Les relations (2) et (3) définissent la production et l'emploi. Leur premier terme se rapporte au nouvel équipement tandis que le second correspond au capital existant. On fait l'hypothèse que la firme ne rencontre aucune contrainte de travail ou de capital. q et b sont les coefficients techniques du travail et du capital communs à toutes les entreprises. b est constant tandis que q est une fonction continue et

5. L'objectif (1) peut aussi être fondé sur le postulat que la firme maximise le flux de ses profits futurs actualisés dans un contexte d'anticipations myopes.

strictement décroissante du temps. (4) est la fonction de demande adressée à l'entreprise j, où ε (supposé constant et ≥ 1) est l'élasticité et d_j la demande moyenne adressée à la firme j. (5) montre que l'endettement évolue en fonction du besoin de financement de la firme, égal par définition à la différence entre investissement et profit.

Les variables déterminées par la firme j sont y_j, l_j, p_j, i_j et T_j. Les variables exogènes au niveau de la firme sont y, w, et ρ. En substituant (5) dans (1), l'objectif peut se réécrire

$$\max_{\substack{i_{j,t} \geq 0, \\ T_{j,t} \geq 0}} \quad p_{j,t} y_{j,t} - w_t l_{j,t} - \rho_t i_{j,t} \qquad (6)$$

forme qui permet d'aborder le problème de maximisation de l'objectif [6]. Les conditions du premier ordre par rapport à $T_{j,t}$ et $i_{j,t}$ s'écrivent respectivement [7] :

$$\left[p_{j,t} + y_{j,t}\frac{dp_{j,t}}{dy_{j,t}}\right]\frac{\partial y_{j,t}}{\partial T_{j,t}} - w_t\frac{\partial l_{j,t}}{\partial T_{j,t}} = 0 \Rightarrow \left[1 - \frac{1}{\epsilon}\right] p_{j,t} = w_t q_{t-T_{j,t}}, \qquad (7)$$

$$\left[p_{j,t} + y_{j,t}\frac{dp_{j,t}}{dy_{j,t}}\right]\frac{\partial y_{j,t}}{\partial i_{j,t}} - w_t\frac{\partial l_{j,t}}{\partial i_{j,t}} - \rho_t\Delta t = 0 \Rightarrow w_t[q_{t-T_{j,t}} - q_t] = b\rho_t, \qquad (8)$$

en vertu de (7). L'équation (7) exprime la condition habituelle entre prix et coût marginal en concurrence monopolistique. L'équation (8) montre que l'entreprise va investir jusqu'au point où l'économie de coût de travail obtenu par le renouvellement du capital est exactement compensée par le coût d'usage d'une unité de nouvel équipement supplémentaire. De (8), il ressort que plus la nouvelle génération est performante (plus q_t est faible), plus la

6. ρ doit être compris comme le taux d'intérêt par unité de temps, d'où le fait qu'il apparaît multiplié par la durée de la période Δt dans (6). Plus tard (section 1.4), on passera à une représentation en temps continu en faisant tendre Δt vers zéro. Il peut alors sembler inutile d'étudier des variations d'objectif par rapport à des variables multipliées par Δt. Cependant, pour toute valeur non nulle de Δt, la maximisation de l'objectif continue à pouvoir se réaliser, sur des variations d'amplitude elles-mêmes de l'ordre de grandeur de Δt. Techniquement, on verra apparaître à la section 1.3 des *dérivées temporelles* à la limite $\Delta t \to 0$. On effectue ainsi correctement la transition de la représentation en temps discret vers la représentation en temps continu.

7. (7) et (8) sont des conditions pour un maximum intérieur. Bien que leur existence soit possible, nous ne nous étendrons pas sur les maxima contraints, dans la mesure où, par la suite, nous nous concentrerons sur l'analyse de trajectoires du modèle où aucune des deux contraintes n'est liante.

marge extensive $T_{j,t}$ est faible. Ceteris paribus, dans un contexte d'équilibre partiel, une accélération du progrès technique accroît l'investissement et se traduit par une plus grande obsolescence économique [8]. C'est l'idée schumpéterienne de *création destructrice*. Par un raisonnement analogue, on montre aisément que si b ou ρ_t augmente, alors l'investissement décroît. Malgré sa simplicité, l'objectif (1) permet donc d'obtenir des conditions intuitives et semblables à certains résultats de la littérature à générations de capital (Malcomson, 1975). Par ailleurs, (2), (3), (4) et (6) montrent que l'objectif peut se réécrire comme constante $xy_{j,t}^{1-1/\varepsilon}$ + terme linéaire en $i_{j,t}$ et $T_{j,t}$, où $y_{j,t}$ est lui-même linéaire en $i_{j,t}$ et $T_{j,t}$. Le fait que $\varepsilon>1$ est par conséquent suffisant pour que l'objectif soit concave et admette bien un seul maximum.

1.2. Le comportement des ménages.

Le ménage j vend sa force de travail à la firme en échange d'un salaire. Son patrimoine est constitué de créances accumulées sur les entreprises, qui lui rapportent des revenus financiers fonction du taux d'intérêt de la période précédente. Ce patrimoine évolue selon l'équation

$$\Omega^c_{j,t} - \Omega^c_{j,t-\Delta t} = [\rho_{t-\Delta t}\Omega^c_{j,t-\Delta t} + w_t\, l_{j,t} - c_{j,t}]\, \Delta t \qquad (9)$$

où $\Omega^c_{j,t}$ est le patrimoine à la fin de la période, $c_{j,t}$ la consommation, $\rho_{t-\Delta t}\Omega^c_{j,t-\Delta t}$ les revenus financiers et $w_t l_{j,t}$ ceux du travail. Les termes entre crochets sont des flux par unité de temps, d'où le fait qu'ils sont multipliés par la durée de la période Δt. Le ménage est supposé consacrer une certaine fraction de sa richesse courante à la consommation :

$$c_{j,t} = \alpha\, \Omega_{j,t} \qquad (10)$$

où α est la propension à consommer (supposé constante et comprise entre 0 et 1) [9]. (9) et (10) forment un système de deux équations à deux inconnues c_j et Ω_j, où les exogènes sont le patrimoine hérité du passé et les composantes du revenu.

8. En effet, si q_t baisse, q_{t-Tt} baisse par (8). Alors $p_{j,t}$ diminue aussi par (7), ce qui implique que $y_{j,t}$ augmente via (4). À cause de (2), le fait que $y_{j,t}$ augmente en même temps que $T_{j,t}$ baisse n'est possible que si $i_{j,t}$ s'accroît.

9. Nous avons essayé d'autres spécifications de la consommation semblables à (10) (fraction du revenu courant, fraction des revenus futurs actualisés). Elles conduisent cependant aux mêmes conclusions que celles présentées ci-dessous.

1.3. Le bouclage du modèle.

Les comportements de l'entreprise et du ménage décrits plus haut sont supposés être des comportements "moyens", représentatifs de l'ensemble de l'économie. Par la suite, nous omettrons l'indice "*j*" des différentes variables et réinterprèterons ces dernières comme des variables macroéconomiques. Dans ce contexte, les créances des ménages se confondent avec les dettes des entreprises :

$$\Omega_t = \Omega^c{}_t = \Omega^f{}_t \qquad (11)$$

Le taux d'intérêt s'ajuste de façon à assurer l'égalité entre épargne des ménages et besoin de financement des entreprises, ou de façon équivalente l'équilibre sur le marché du bien final :

$$y_t = c_t + i_t \qquad (12)$$

Pour achever l'identification du modèle, nous supposerons que le salaire augmente selon le progrès technique affectant le travail :

$$\frac{\dot{w}_t}{w_t} = -\frac{\dot{q}_t}{q_t}, \qquad (13)$$

où pour mémoire, q_t est le coefficient technique du travail. Cette équation appelle quelques commentaires. Tout d'abord, elle nous permet de nous démarquer des modèles néo-classiques, dans la mesure où ceux-ci postulent généralement le plein-emploi, auquel cas l'emploi s'ajuste à une offre de travail exogène [10].

De ce fait, dans ces modèles, le salaire n'obéit à l'équation (13) qu'*asymptotiquement*, alors qu'ici, (13) s'applique à tout instant. Cependant, même si le salaire évolue en termes *relatifs* à long terme de la même façon dans les 2 contextes, il n'atteindra pas le même niveau en termes *absolus*. Cette différence s'explique évidemment par l'absence de flexibilité salariale sur le marché du travail qui caractérise le présent modèle. Il existe une vaste littérature relative à la rigidité des salaires. Une manière de fonder cette rigidité repose sur l'hypothèse que seuls les travailleurs ayant un emploi (les "insiders") pèsent dans les négociations salariales. Dans ce cas, le fait que les "insiders" [11] exigent que le salaire suive strictement le taux de progrès

10. Dans ce contexte, le taux de croissance de l'économie s'identifie à la somme de celui de la population et du taux de progrès technique, et l'impact d'une hausse de ce dernier sur la croissance est trivial.

11. Pour reprendre la terminologie du modèle "insider-outsider" de la théorie de la négociation salariale qui repose sur cette hypothèse (cf. e.a. Carruth et Oswald 1987).

technique se justifie d'autant plus facilement que cette exigence ne se traduit pas pour certains d'entre eux par une exclusion du marché du travail. Or, comme on le verra à la section suivante, la plupart des sentiers de croissance équilibrée que notre économie est susceptible de suivre se caractérisent par une création nette d'emplois à chaque période (même si en même temps, le taux de chômage croît lui-aussi).

Le modèle peut être simplifié en étant réécrit en temps continu, et sa dimension peut être réduite. En faisant tendre Δt vers 0, (2) et (3) se réécrivent

$$y_t = \int_{t-T_t}^{t} \frac{i_\nu}{b}\, d\nu, \tag{14}$$

$$l_t = \int_{t-T_t}^{t} q_\nu \frac{i_\nu}{b}\, d\nu. \tag{15}$$

(9), (10) et (11) permettent après passage à la limite d'écrire :

$$\dot{\Omega}_t = [\rho_t - \alpha]\Omega_t + w_t l_t. \tag{16}$$

(10) et (12) impliquent que

$$y_t = \alpha\Omega_t + i_t \tag{17}$$

Enfin, grâce au fait que le prix relatif $p_{j,t} = p_t = 1$, (7) et (8) peuvent se réécrire

$$\mu w_t\, q_{t\,-Tt} = 1 \tag{18}$$

$$\mu[w_t\, q_t + b\, \rho_t] = 1 \tag{19}$$

où $\mu=\varepsilon/(\varepsilon-1)>1$. Le modèle est maintenant décrit par les équations (13) à (19), soit 7 équations à 7 inconnues y, l, i, T, w, ρ et Ω. Il comporte une variable exogène q et 3 paramètres μ, b et α. Au niveau des conditions initiales, on peut par exemple se donner i_υ sur $]\leftarrow,0]$ et w_0 [12].

12. En effet, si on connaît i_υ jusque ($\upsilon=t$ et w_t, on trouve ρ_t par (19), T_t par (18), y_t par (14), l_t par (15) et Ω_t par (17) ; on a $\dot{w}_t$ par (13), $\dot{T}_t$ par la dérivée de (18), $\dot{y}_t$ par la dérivée de (14), et enfin la dérivée de i_t par (16) et la dérivée de (17).

2. Résolution sous l'hypothèse d'un taux de progrès technique constant.

De l'équation (13), il apparaît que le coût du travail par unité produite sur la dernière génération installée $w_t q_t$ est constant. Si on postule un taux de progrès technique constant, c-à-d. si

$$q_t = q_0 \exp(-\chi_t) \qquad (20)$$

où χ est le taux de progrès technique (≥ 0), alors il découle de (13), (18) et (19) que *(i)* w_t s'accroît au taux constant χ tout au long de la trajectoire, *(ii)* $\rho_t = \rho$ est une constante (que l'on peut déterminer grâce aux conditions initiales) et *(iii)* T est constant et égal à

$$T = \frac{1}{\chi} \ln \frac{1}{1-\mu b \rho} \qquad (21)$$

Cette relation introduit la contrainte $1 > \mu b \rho$. La durée de vie d'une génération donnée est une fonction inverse du taux de progrès technique χ et une fonction positive du taux de marge μ, du coefficient de capital b et du taux d'intérêt ρ.

2.1. Analyse de la dynamique.

Grâce à cette propriété de durée de vie constante, le système (13) à (19) peut se ramener à une série d'équations différentielles aux différences linéaires. On peut cerner la dynamique des solutions de ces équations en adoptant la représentation en somme (série) de fonctions exponentielles du temps (cf. p. ex. Bellman-Cooke, 1963) :

$$i_t = \sum_k C_k e^{g_k t}, \quad y_t = \sum_k D_k e^{g_k t}, \quad \text{etc.} \qquad (22)$$

Les coefficients C_k, D_k,... dépendent du comportement de i_t, y_t,... sur une période, par exemple $-T \leq t \leq 0$. Le comportement lors des périodes ultérieures est alors impérativement dicté par les exponentielles $exp(gk_t)$ figurant dans (22). Les exposants g_k, qui décrivent donc véritablement la dynamique que nous cherchons à préciser, sont les racines de l'équation caractéristique du système, et ne dépendent que des paramètres figurant dans les équations (13) à (20), comme on va le voir :

1. Portons d'abord la forme (22) de i_t dans (14), on obtient

$yt = \Sigma_k C_k [(1 - \exp(-g_k T)/(b\, g_k)] \exp(g_k t)$,

qui confirme d'ailleurs, avec $D_k = C_k[(1 - exp(- g_k T)/ \exp(bg_k)]$, la représentation de y_t postulée dans (22) (n'oublions pas que $T_t = T$, la constante déterminée par (21)).

2. Ensuite, utilisant (20), (15) donne

$l_t = \Sigma_k C_k q_0[(1 - exp(- g_k - \chi)T)/(b\, (g_k - \chi))] \; exp((g_k - \chi)t)$

3. L'équation (17) livre maintenant

$\Omega_t = [(y_t - i_t)/\alpha] = \Sigma_k C_k \alpha^{-1}[[(1 - \exp(-g_k T))/(bg_k)] - 1]\exp(g_k T)$

4. Enfin, on a vu comment, de (13), (18), (19) et (20), on pouvait établir $w_t = e^{\chi(t-T)}/(\mu q_0)$, avec T donné par (21). Nous avons maintenant tous les éléments pour apprécier chaque terme de (16) et en tirer l'équation pour les g_k :

$$\sum_k C_k g_k \alpha^{-1} \left[\frac{1 - e^{-g_k T}}{b g_k} - 1\right] e^{g_k t}$$
$$= \sum_k C_k [\rho - \alpha]\alpha^{-1} \left[\frac{1 - e^{-g_k T}}{b g_k} - 1\right] e^{g_k t} + \frac{1}{\mu q_0} \sum_k C_k q_0 \frac{e^{-\chi T} - e^{-g_k T}}{b(g_k - \chi)} e^{g_k t}.$$

On voit que chaque g_k doit être solution d'une même équation, l'*équation caractéristique*

$$g\alpha^{-1} \left[\frac{1 - e^{-gT}}{bg} - 1\right] = [\rho - \alpha]\alpha^{-1} \left[\frac{1 - e^{-g_k T}}{b g_k} - 1\right] + \frac{1}{\mu q_0} q_0 \frac{e^{-\chi T} - e^{-g_k T}}{b(g_k - \chi)},$$

que l'on peut encore écrire

$$\begin{aligned} 1 &= \frac{bg}{1 - e^{-gT}} + \frac{\alpha}{[g + \alpha - \rho]\mu} \frac{e^{-\chi T} - e^{-gT}}{g - \chi} \frac{g}{1 - e^{-gT}} \\ &= A + \frac{\alpha}{[g + \alpha - \rho]\mu} B \end{aligned} \qquad (23)$$

$A = bg/(1\text{-}e^{-gT}) = i/y$ correspond au taux d'accumulation brut.

$B = [(e^{-\chi T}\text{-}e^{-gT})/(g\text{-}\chi)][g/(1\text{-}e^{-gT})] = wl/y$ correspond à la part des salaires dans la valeur ajoutée. Comme l'équation caractéristique (23) admet une infinité de racines qui peuvent être réelles, imaginaires pures ou complexes, la solution générale du modèle s'écrit comme la somme d'une infinité d'exponentielles, dont les exposants g_1, g_2, g_3,... sont les racines de (23). La figure 1 ci-dessous reprend les plus grandes parties réelles de ces exposants en fonction de χ. Pour $\chi \leq \chi_m$, g_1 et g_2 sont réels, tous les autres exposants étant complexes de partie réelle négative [13]. Sauf conditions initiales très particulières, le taux de croissance n'est donc pas constant sur toute la trajectoire. Cependant, le modèle tend asymptotiquement vers l'exponentielle dont la partie réelle de l'exposant est dominante, c'est-à-dire vers $\exp(g_1 t)$. Pour $0 \leq \chi \leq \chi_m$ tel que $g_1 > 0$, l'économie tend donc vers un sentier de croissance à taux constant. Le modèle change radicalement de comportement pour les taux de progrès technique supérieurs à χ_m. En effet, pour $\chi \geq \chi_m$, g_1 et g_2 deviennent complexes conjugués. Comme leurs parties réelles sont négatives, le modèle tend de façon oscillatoire vers un état stationnaire nul.

Figure 1 Evolution des parties réelles des principales racines de l'équation caractéristique en fonction du taux de progrès technique. Exemple avec b=5; μ = 1,25; ρ=0,05; α=0,5.

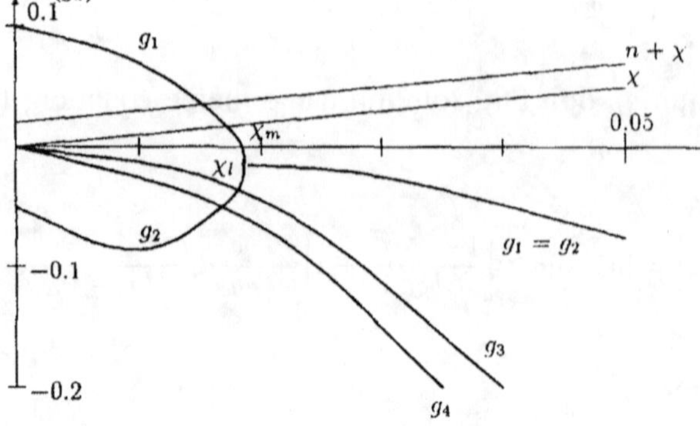

13. La présence des deux sentiers particuliers à taux de croissance constants g_1 et g_2 n'est pas sans évoquer la coexistence, mentionnée depuis longtemps par Joan Robinson (1962), de deux équilibres, l'un caractérisé par un fort taux d'accumulation, l'autre par un taux faible.

Avant d'approfondir la question de l'impact négatif d'une hausse du taux de progrès technique sur le taux de croissance, il convient d'évoquer brièvement le rôle de l'offre de travail. Le taux de croissance de l'emploi est donné (asymptotiquement) par $\lambda = g_1(\chi) - \chi$. Un sentier de croissance à taux constant ne sera durable que si $\lambda < n$, où n est le taux de croissance de la population active. En supposant que celui-ci est une constante exogène, la figure 1 montre que les sentiers de croissance à taux constant peuvent être classés du point de vue emploi en 3 catégories. La partie de $g_1(\chi)$ au dessus de $n+\chi$ caractérise des sentiers non durables dans le mesure où ils se heurtent tôt au tard à une contrainte d'offre de travail. La partie de $g_1(\chi)$ comprise entre χ et $n+\chi$ rassemble les sentiers caractérisés par un chômage et un volume d' emploi croissants. Pour $g_1(\chi) < \chi$ enfin, le chômage est croissant, mais en plus, il y a destruction de postes de travail. Ces déséquilibres persistants sur le marché du travail sont bien entendu susceptibles d'engendrer des mécanismes correcteurs permettant de reconcilier les taux de croissance garanti g_1 et naturel $n+\chi$. Une hypothèse particulièrement intéressante parce qu'elle préserve les résultats présentés dans les paragraphes précédents, est de supposer que l'ajustement se réalise au niveau du taux de croissance démographique n. Cette hypothèse appartient à une tradition déjà ancienne (cf. Hahn-Matthews (1972) pour une revue de cette littérature). Elle dépasse cependant le cadre de ce papier, aussi ne l'approfondirons-nous pas ici.

Figure 2: Evolution du rapport entre offre et demande en fonction de g (cf. équation 23). Exemple avec les paramètres de la figure 1 et $\chi = 0{,}015$.

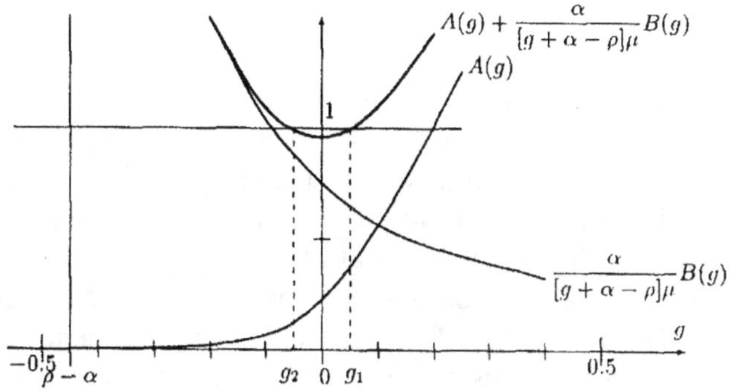

2.2. Impact du progrès technique sur la croissance.

Comme le montre la figure 1, $g_1'(\chi) < 0$; il est par conséquent clair que dans le cadre du présent modèle, *l'impact à long terme d'une hausse perma-*

nente du taux de progrès technique a un impact négatif sur la croissance [14].Il convient de s'interroger sur le pourquoi de $g_1'(\chi)<0$. Les deux termes de (23), ainsi que leur somme, sont représentés à la figure 2 ci-dessus (on a fait l'hypothèse que $\rho-\alpha<0$). g_1 et g_2 sont les deux taux de croissance d'équilibre. g_1 correspond à une trajectoire où A prédomine par rapport à $\alpha B/[g+\alpha-\rho]\mu$, autrement dit où l'investissement domine la consommation. Le contraire se produit pour g_2. Quand le taux de progrès technique augmente ($\Delta\chi>0$), $A(g)$ se déplace uniformément vers le haut. En effet, $\Delta\chi>0 \Rightarrow \Delta T<0$ via (21). A g donné, la capacité installée baisse et donc le taux d'accumulation brut s'accroît. L'effet sur B est plus ambigu. D'une part, le salaire augmente via (18), mais d'autre part, la productivité moyenne du travail s'accroit aussi ($\Delta(l/y)<0$). Cependant, on peut montrer rigoureusement que pour g_1, l'effet salaire l'emporte et donc que $\Delta\chi>0 \Rightarrow \Delta B(g_1)>0$ (cf. annexe). Partant de g_1, une hausse du taux de progrès technique se traduit par une augmentation de la demande de biens d'investissement et de biens de consommation qui rompt l'équilibre entre offre et demande (géométriquement, les courbes représentées sur la figure 2 se déplacent vers le haut). A cause de ses effets multiplicateurs sur les composantes de la demande, un accroissement de l'offre ne permet pas de restaurer l'équilibre. C'est au contraire une baisse de l'offre, traduisant une diminution du taux de croissance désiré, qui permettra à travers ses effets plus que proportionnels sur la demande, un retour à l'équilibre. Cependant, si le choc de progrès technique est tel que $\chi>\chi_m$, aucune baisse de l'offre n'est susceptible d'entraîner un retour à l'équilibre (géométriquement, la courbe supérieure de la figure 2, donnée par la troisième équation de (23), passe entièrement au dessus de l'horizontale d'ordonnée 1 et il n'y a plus d'intersection).

2.3. Sensibilité en fonction des autres paramètres.

Il peut être intéressant d'étudier la sensibilité de la relation liant les parties réelle des racines g_1 et g_2 (Re g_i) à χ en fonction des autres paramètres (cf. figure 3). On constate d'abord que l'on retrouve chaque fois des figures semblables à la figure 1. Dans le cadre du présent modèle, les phénomènes observés précédemment ($g_1'(\chi)<0$ et bifurcation en χ_m) paraissent donc bien robustes. (a) *Si on augmente* μ, on observe une dilatation de la boucle formée par $g_1(\chi)$ et $g_2(\chi)$ pour $\chi<\chi_m$. Elle se traduit non seulement par un taux de croissance asymptotique plus élevé ($g_1(\chi)$ se déplace vers le haut),

14. Ceci n'exclut pas que, transitoirement, une hausse du progrès technique puisse avoir un effet positif, car comme le montre la figure, il existe une portion de l'intervalle $[0,\chi_m]$ sur lequel $g_2'(\chi)>0$.

mais le seuil χ_l en dessous duquel $g_1(\chi)$ est positif augmente. Ceci s'explique par le fait qu'une hausse de μ améliore la profitabilité de l'entreprise, ce qui, ceteris paribus, réduit le prix relatif de l'investissement et donc incite à investir d'avantage. (b) *Si la propension à consommer a augmente,* alors on observe que la boucle se déplace vers le bas, tout en se dilatant vers la droite. Moins de ressources sont consacrées à l'investissement, d'où une baisse du taux de croissance aymptotique, mais l'intervalle de variation du progrès technique autorisant une croissance à taux constant $[0,\chi_l]$ s'élargit. (c) *Si le coefficient de capital b décroît,* alors la boucle remonte tout en se contractant vers la gauche. Moins de ressources sont à consacrer par unité d'investissement, d'où une hausse du taux de croissance asymptotique [15]. Si *b* diminue suffisamment, un phénomène nouveau apparaît: la boucle se referme pour une valeur positive de *g*. Il en découle que sur un certain intervalle de progrès technique, g_1 et g_2 sont complexes conjugués de partie réelle positive. Le modèle tend à osciller de façon explosive. (d) *Enfin, une variation des conditions initiales (par exemple w_0) impliquant une augmentation de* ρ se traduit par une dilatation de la boucle vers le haut et vers la droite. Bien que le coût de l'investissement augmente, la hausse de la consommation induite par celle des revenus financiers est suffisante pour entraîner une hausse du taux de croissance asymptotique et un élargissement de l'intervalle de variation du progrès technique autorisant une croissance à taux constant $[0,\chi_l]$.

Figure 3: Autres cas: (*a*) μ = 1,5; (*b*) α = 0,75; (c) *b* = 3; (*d*) ρ = 0,075.

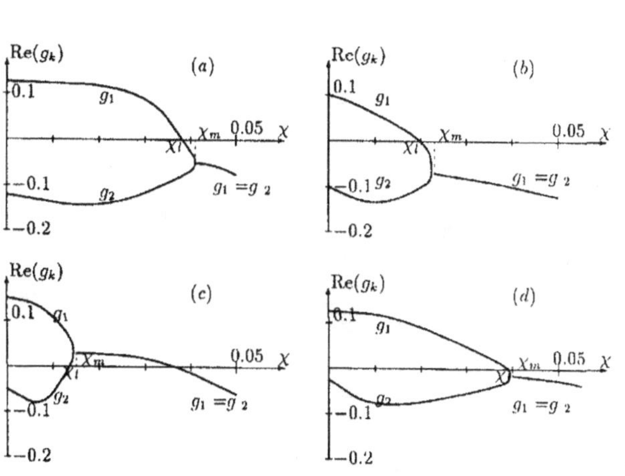

15. Sur ce point comme sur le précédent, le modèle se comporte à la manière d'Harrod-Domar.

Conclusion.

Les résultats présentés ci-dessus se veulent exploratoires. Le modèle pourrait en effet faire l'objet de plusieurs développements, que ce soit au niveau de l'horizon temporel des entreprises ou de la détermination du salaire. Il importe cependant de souligner que ces développements devraient se traduire par une complication sensible de l'analyse mathématique du modèle, dans la mesure où il ne serait plus linéaire (le délai apparaissant dans les équations différentielles aux différences ne serait plus constant). Une autre question à approfondir concerne le rôle de l'offre de travail, ou plus généralement l'adéquation des taux de croissance naturel et garanti. Sur ce point, il pourrait être intéressant de réinvestiguer la tradition des modèles avec changement induit du taux de progrès technique ou du taux de croissance démographique (Hahn-Matthews, 1972).

Université de Louvain

Annexe : Preuve de $dB/d\chi > 0$, où B est défini par (23)

En vertu de (21), posons $c = \chi T = -\ln(1-\mu b\,\rho)$.

Etant donné la définition de B (cf. (23)), on a alors

$$B = e^{-c}\frac{1-e^{-c(x-1)}}{x-1}\,\frac{x}{1-e^{-cx}} = e^{-c}\frac{F(x-1)}{F(x)}$$

où on a posé $x = g/\chi$ et $F(x) = (1-e^{-cx})/x$.
Il en découle que

$$\frac{dB}{d\chi} = -\frac{g}{\chi^2}\frac{dB}{dx} = \frac{gB}{\chi^2}\left[\frac{F'(x)}{F(x)} - \frac{F'(x-1)}{F(x-1)}\right]$$

$dB/d\chi$ sera positif si $g>0$ et si F'/F est croissante. Montrons qu'il en est bien ainsi :

$$\frac{F'}{F} = \frac{ce^{-cx}}{1-e^{-cx}} - \frac{1}{x}$$

$$\Rightarrow \left(\frac{F'}{F}\right)' = \frac{1}{x^2} - \frac{c^2e^{-cx}}{(1-e^{-cx})^2} = c^2\left[\frac{1}{c^2x^2} - \frac{1}{4\sinh^2\frac{cx}{2}}\right] > 0$$

car $\sinh y = (e^y-e^{-y})/2 > y$ si $y>0$. Notons pour terminer que l'on peut aussi montrer que $dB/d\chi < 0$ si $g<0$.

BIBLIOGRAPHIE

BELLMAN R. et COOKE K. (1963), *Differential-Difference Equations*, Academic Press, New York/Londres.

BOUCEKKINE R., LICANDRO O. et PAUL C. (1997), "Differential-difference equations in economics : on the numerical solution of vintage capital growth models", *Journal of Economic Dynamics and Control*, 21.

CARRUTH A., OSWALD A. (1987), "On union preferences and labour market models : insiders and outsiders", *Economic Journal*, 97 (386).

d'AUTUME A. et MICHEL P. (1993), "Endogenous growth in Arrow's Learning by Doing model", *European Economic Review*, 37.

HAHN F. et MATTHEWS R. (1972), *Théorie de la croissance économique*, Economica.

LORDON F. (1991), "Théorie de la croissance : quelques développements récents", *Revue de l'OFCE*, n 36 et 37.

MALCOMSON J. (1975), "Replacement and the Rental Value of Capital Equipment Subject to Obsolescence", *Journal of Economic Theory*, 10.

ROBINSON J. (1962), *Essays in the Theory of Economic Growth*, MacMillan.

SOLOW R. (1956), "A Contribution to the Theory of Economic Growth", *Quartely Journal of Economics*, vol.70, février.

SOLOW R., et al. (1966), "Neoclassical Growth with Fixed Factor Proportions", *Review of Economic Studies*, avril.

LES PRINCIPES D'UN SYSTEME MONÉTAIRE SAIN SELON BENTHAM *

Nathalie SIGOT

Résumé
La théorie monétaire de Bentham, telle qu'elle apparaît dans le manuscrit *Sur les prix* (1801) met l'accent sur la notion de confiance, élément clef dans la détermination de la valeur du papier-monnaie. Il en résulte une analyse qui s'intéresse de manière prioritaire à la nécessité d'éviter à la fois les banqueroutes et l'inflation : l'article reconstruit alors la position de Bentham pour mettre en place un système monétaire sain, c'est-à-dire un système tel que le volume de monnaie soit proportionné aux besoins de la circulation, aux réserves des banques et à la quantité de monnaie métallique qui circule.

Abstract: The Principles of a Sound Monetary System according to Bentham
Bentham's monetary theory, which is stated in the manuscript *Sur les prix* (1801), emphasizes the notion of confidence, which is a key element in the determination of the value of paper-money. It follows that Bentham's analysis principally concerns the necessity of avoiding both bankruptcy and inflation. This paper proposes a recontruction of Bentham's sound monetary system, i.e. a system in which the volume of money is proportionate to the requirements of circulation, to bank reserves and to the quantity of circulating coinage.

Classification JEL : B100, B120, E420

---

* Une première version de ce texte a fait l'objet d'une communication aux XIIIèmes journées internationales d'économie monétaire et bancaire qui se sont déroulées à Aix-en-Provence en juin 1996. Il a en outre bénéficié des remarques et conseils de Ghislain Deleplace et André Lapidus, que je remercie vivement, ainsi que les rapporteurs anonymes de la revue.

En 1939, E. Silberner publiait "Un manuscrit inédit de David Ricardo sur le problème monétaire". Il s'agissait en fait d'extraits de la traduction par E. Dumont d'un manuscrit de Jeremy Bentham (*Sur les prix*), daté de 1801 (Sraffa 1951, vol. III, pp. 261-3), découvert à Genève et abondamment annoté par D. Ricardo. L'introduction de Silberner soulignait l'importance d'une telle découverte : elle établirait l'existence d'une influence décisive de Bentham sur les orientations théoriques que prendraient bientôt les travaux de Ricardo (1939, pp. 201-5).

C'est sur cette hypothèse que devait revenir Sraffa en 1951, à l'occasion de son édition des écrits de Ricardo au cours de la période 1809-1811. Il établissait que la lecture par Ricardo du manuscrit *Sur les prix* était postérieure à ses premiers écrits monétaires (1951, vol. III, p.266 ; voir également 1952, p. xxviii). Le texte de Bentham retombait alors dans l'oubli. Mais pour être explicable, cet oubli n'est nullement justifié : même sans influence sur Ricardo, ce manuscrit a un intérêt pour lui-même.

Sur les prix s'intéresse à deux grands thèmes. Le premier consiste en une recherche des causes et des effets de la hausse générale des prix (f. 38) [1] : Bentham ne s'intéresse "qu'à la partie permanente de l'augmentation qui s'est faite [...] relativement aux prix" (*ibid.*). La question est importante puisque l'inflation est analysée comme une spoliation "analogue à une taxe indirecte" (f. 43) : n'affectant que certaines catégories de revenus, elle a des effets redistributifs qui compromettent l'objectif de sécurité. C'est l'excès d'émission monétaire qui est jugé responsable de cette augmentation du niveau général des prix. Mais l'effet n'est pas unique. A l'inflation engendrée par l'excès de monnaie en circulation s'ajoute une autre conséquence, bien plus néfaste : il s'agit d'un accroissement du risque de banqueroute généralisée (ff. 47-8) définie comme la "destruction de tout papier-monnaie ainsi que du crédit qui sert de base au commerce de banque" (f. 302). Si les deux effets résultent d'une même cause - l'excès d'émission monétaire -, il ne s'agit pas toutefois du même excès : l'inflation résulte d'une circulation monétaire excessive par rapport aux besoins de l'économie tandis que la banqueroute se produit lorsque les réserves métalliques des banques ne suffisent pas à répondre aux demandes de conversion des billets en espèces. Le second thème s'intéresse à l'ensemble des propositions de réforme du système bancaire susceptibles, selon Bentham, de mettre un terme à l'inflation et

1. Sauf précision contraire, les références et citations renvoient à la version du manuscrit *Sur les prix* (Bibliothèque publique et universitaire de la ville de Genève, Ms Dumont 50) réalisée en français par Dumont.

de supprimer tout risque de banqueroute.

Une question traverse ces deux thèmes : celle de la confiance ; une question qui, au-delà des contradictions apparentes contenues dans le manuscrit, permet de proposer une reconstruction de la position de Bentham qui en montre toute la singularité. C'est à une telle reconstruction que cet article prétend. Après une rapide présentation du manuscrit (I), on insistera dans une deuxième partie sur la nature de la monnaie telle qu'elle apparaît dans la théorie benthamienne. Puis, dans une dernière partie, on s'efforcera de reconstruire le système bancaire que Bentham propose de mettre en place.

I - Un manuscrit critiqué puis oublié

Sur les trois volumes que comporte l'édition Stark des oeuvres économiques de Bentham, le deuxième est intégralement consacré à ses écrits monétaires. Il s'agit de manuscrits pour la plupart inédits, que Bentham rédigea entre les années 1794 et 1801, sans en obtenir la moindre reconnaissance. Ses premières réflexions sur la monnaie ont pour origine le développement préoccupant de la dette publique : cherchant à en réduire les charges que la guerre avec la France a fortement alourdies, il propose d'abord l'extension au profit de l'Etat du “commerce de la monnaie” - c'est-à-dire ce qui concerne “l'échange de la monnaie sous une forme contre la monnaie sous une autre forme, à savoir, en fonction du présent ou du futur, de la certitude ou de l'incertitude, de la simultanéité des recettes, ou de leur perception sur un certain laps de temps” (1794, p. 120). Ces activités doivent, selon lui, permettre à l'Etat de réaliser d'importants bénéfices et lui fournir un revenu substantiel sans qu'aucune taxe nouvelle ne soit levée (*Ibid.*, pp. 119-149). C'est ce même objectif que l'auteur poursuit lorsqu'il rédige ses *Proposals for the Circulation of a [New] Species of Paper Currency* [1795-6] : il s'agit de donner à l'Etat le monopole de l'émission de monnaie, ce qui devrait lui permettre, là encore, de financer sa dette publique à un moindre coût (pp. 155-200). L'idée est reprise et développée dans *Abstract or Compressed View of a Tract Intituled Circulating Annuities* [1800] : les “circulating annuities” dont Bentham recommande la création sont une monnaie de papier de faible valeur nominale, qui représente une dette du gouvernement à l'endroit du porteur, tout en rapportant des intérêts mais à un taux inférieur à celui des autres titres (pp. 205-300). Ce papier aurait donc pour vocation

2. Bentham suggère que chaque titre comporte une table qui exprime cette valeur (*Ibid.*, page non numérotée, face à la page 224).

de servir à la fois d'intermédiaire des échanges et de réserve de valeur, avec notamment comme particularité de voir sa valeur nominale fluctuer quotidiennement : le porteur est ainsi supposé calculer chaque jour sa nouvelle valeur, pour s'en servir dans ses transactions [2]. Si le projet est surprenant, son intérêt réside surtout dans ce que ce texte comporte les premières réflexions de son auteur sur les liens entre l'émission de monnaie, la richesse réelle (*Ibid.*, pp. 263-8) et le niveau général des prix (*Ibid.*, pp. 282-7). Deux chapitres sont consacrés à ces questions, dont les différentes versions traduisent une évolution radicale dans la pensée de Bentham : ainsi, si la première version [mars 1800, pp. 301-8] souligne les effets positifs de l'augmentation du volume monétaire sur la richesse réelle, la dernière [octobre 1800, pp. 325-42] insiste quant à elle sur les conséquences inflationnistes d'une telle augmentation et s'interroge sur les moyens d'y remédier. Parce qu'une telle préoccupation se révélait difficilement compatible avec son projet initial d'introduire dans la circulation un nouveau moyen de paiement, Bentham abandonne alors celui-ci, pour se consacrer à l'étude des effets négatifs induits par l'action de la création monétaire sur le niveau général des prix. C'est le thème de ses deux derniers écrits sur la monnaie : *Paper Mischief [Exposed]* [3], rédigé entre octobre 1800 et janvier 1801 et *Sur les prix.*

Le manuscrit *Sur les prix* apparaît alors comme l'aboutissement de la réflexion de Bentham sur la monnaie, et ce à double titre. Il se présente d'abord comme une synthèse des dernières positions de l'auteur en discutant l'effet de l'accroissement du volume monétaire à la fois sur les prix et sur la richesse réelle. Mais c'est également le dernier écrit que Bentham consacre à la monnaie, bien que sa correspondance montre qu'il concevait d'autres projets sur cette question et bien qu'il ait manifesté un réel intérêt à la lecture de l'ouvrage de Thornton, *An Enquiry into the Nature and Effects of the Paper Credit of Great Britain* [1802] [4]. Son désintérêt est tel qu'il abandonne le manuscrit *Sur les prix* à Dumont, "quelque part entre 1802 et 1810" (Sraffa 1951, p. 262), sans doute "au début de la période en question" (*Ibid.*, n. 2).

3. La préface de ce manuscrit montre l'évolution de la pensée de son auteur : "la position soumise ici au jugement du public", explique celui-ci, "est le résultat accidentel et collatéral de la série d'investigations à laquelle m'a conduit la poursuite d'un sujet différent. Dans le cours de cette enquête je vis rapidement que les prix étaient augmentés par le papier-monnaie, et que cette hausse des prix était un mal [...]. Je fus conduit à regarder le mal comme étant certes regrettable mais [...] attaché de manière inséparable à un bien plus important [...]. J'ai depuis reconnu mon erreur" (op. cit., p. 429).

4. Voir le manuscrit retranscrit ci-après.

5. Des problèmes de datation se posent pour ce manuscrit : Dumont a semble-t-il ajouté ses commentaires bien après avoir travaillé sur le document, rendant plus incertaine encore l'identification de la période de rédaction du manuscrit. L'hypothèse de Sraffa est qu'il a été écrit en 1801 (1951, n. 1, p. 263). On a conservé cette date pour désigner le manuscrit, alors que tout incite à penser qu'il fut rédigé sur une période relativement longue, entre 1797 et 1801 : voir ci-après, p. 131.

Dumont, qui a charge de le traduire et de le publier en français, reconnaît s'être heurté à une tâche considérable : "de tous les travaux que j'ai faits sur les manuscrits de Mr B[entham]", écrit-il, "il n'en est aucun qui ait approché par la difficulté celui dont j'offre ici le résultat" (1801, f. 31) [5]. Peut-être est-ce la raison qui le conduit, avant d'en proposer une version définitive et révisée à un éditeur, à demander son avis à James Mill qui, bien qu'ayant un jugement très critique vis à vis du manuscrit [6], le transmet alors à Ricardo. Celui-ci confirme l'opinion de James Mill. Le manuscrit est estimé impubliable en l'état : les nombreuses annotations de Ricardo établissent la distance qui le sépare de Bentham [7] et la lettre du 1er janvier 1811 qu'il adresse à Mill fait la synthèse des défauts d'ordre théorique qu'il décèle dans le manuscrit : "premièrement [son] auteur", explique-t-il alors,

> "ne semble pas avoir compris qu'une circulation de papier est, dans un état sain de la monnaie, effectivement maintenue par la valeur des métaux précieux, dans des limites données [...] Deuxièmement, l'auteur n'a pas tenu compte, au point de ma lecture où je suis arrivé, des effets qui découleraient d'une émission illimitée de papier sur nos relations avec l'étranger [...] Troisièmement, beaucoup de son argumentaire est fondé sur l'hypothèse qu'un accroissement du moyen de circulation bien qu'ayant pour effet de déprécier la valeur de la monnaie, est aussi accompagné (pourvu qu'il soit introduit par les canaux du commerce) d'un accroissement du capital et des marchandises et est donc bénéfique [...] Quatrièmement, l'auteur suppose que les émissions des banquiers sont et peuvent être réglées par la proportion de leurs dépôts" (in Sraffa 1952, pp. 15-17).

La critique est sévère. Le désintérêt de son auteur pour sa publication, l'évolution de la situation monétaire de l'Angleterre qui le rend dépassé ainsi que le fait que sa version originale en anglais ait été perdue contribueront alors à faire tomber le manuscrit dans l'oubli. Au point qu'il n'a jusqu'à aujourd'hui jamais été publié intégralement dans sa version française - la

6. Lettre à Ricardo du 25 décembre 1810 : "... je ne crois pas qu'il [le manuscrit, NS] soit fait pour être publié. Par certains côtés, il est trop élémentaire - par d'autres trop abstrus - les prémisses et les conclusions ne sont pas placées dans l'ordre le plus logique, et les opinions ne sont pas toujours correctes - En fait il s'agit de papiers perdus de l'auteur, non mis en ordre, sur un sujet qu'il a cessé d'étudier avant de l'avoir exploré intégralement" (in Sraffa 1952, p. 14).
7. Les arguments qui justifient la position de Ricardo dépassent le cadre du présent article. A côté des critiques purement factuelles adressées par Ricardo à Bentham - qui tiennent à l'évolution de la situation monétaire de l'Angleterre - les nombreux commentaires de Ricardo mobilisent en effet l'ensemble de son analyse monétaire.

seule qui existe : le manuscrit est disponible à la Bibliothèque Publique et Universitaire de Genève et est catalogué de la manière suivante : "Matériaux d'un traité sur la hausse des prix et les effets du papier-monnaie. Cet ouvrage, que Dumont composa d'après les manuscrits de Bentham, ne reçut pas de rédaction définitive et ne fut pas publié ; il est accompagné de quelques notes en anglais, de Ricardo, auquel le manuscrit de Dumont avait été remis" (cité par Silberner 1939, p. 206). Aujourd'hui, seule une traduction anglaise de la version (presque) intégrale du manuscrit est disponible dans Stark, 1952-54 (vol. III, pp. 60-216). Les seules versions françaises de *Sur les prix* dont on dispose (celles éditées par Silberner puis par Sraffa) sont fragmentaires puisqu'elles ne reproduisent que les extraits qui ont été commentés par Ricardo [8]. En conséquence ce manuscrit et de manière plus générale la pensée monétaire de Bentham, n'ont guère retenu l'attention des commentateurs [9]. L'analyse qu'il développe est pourtant singulière et profondément inscrite dans son utilitarisme lorsqu'elle met l'accent, par exemple, sur le fonctionnement psychologique des individus à travers le thème de la confiance ou sur les mesures de politique monétaire à adopter en vue de maximiser le bien-être général.

II - Papier-monnaie, convertibilité et confiance

La valeur du papier-monnaie selon Bentham dépend de la confiance des individus en l'émetteur. Cette confiance est susceptible de se modifier à tout moment et sans raison : Bentham en est conscient et une grande partie de son manuscrit est ainsi consacrée aux moyens de renforcer cette confiance. Plus exactement, dans le cadre du système de convertibilité qu'elle adopte d'abord, son analyse peut s'interpréter comme une tentative pour remplacer les éléments purement subjectifs sur lesquels la confiance se fonde par des éléments objectifs - le rapport entre monnaie métallique en réserve et monnaie de papier en circulation (A). La question est fondamentale pour l'auteur : la banqueroute, résultat de la perte de confiance, constitue une destruction de propriété, dont les effets sont longuement décrits. En outre, la thèse développée par Bentham est qu'une telle situation est inévitable si la quantité de monnaie continue d'augmenter au rythme observé pendant les

8. Ricardo n'a pas lu l'ensemble du manuscrit : ses commentaires portent uniquement sur les deux premiers livres (ff. 30-137 et 138-334). On ne dispose donc d'aucune remarque de sa part sur le livre III (ff. 338-439) consacré aux remèdes proposés par Bentham pour limiter l'inflation et le risque de banqueroute (voir *infra*).

9. A l'exception toutefois de Hutchison (1956) et de Lutfalla (1981).

quarante dernières années du XVIIIe siècle. Dans un système d'inconvertibilité, si la question n'est pas supprimée, Bentham l'analyse de manière un peu différente : la confiance désormais ne repose plus seulement sur la relation du papier-monnaie au métal, mais essentiellement sur la coutume (B).

A) Le papier-monnaie comme "ombre de propriété"

La position benthamienne s'appuie sur une conception du papier-monnaie qui en fait un "simulacre de l'argent" : le papier-monnaie ne fait que représenter la monnaie métallique. Il n'a par conséquent aucune valeur "intrinsèque", c'est-à-dire aucune valeur qui soit liée à sa nature, mais seulement une valeur "conventionnelle" (f. 94) "représentative" (*ibid.*) ou "dérivative" : c'est "un engagement [...] à livrer de la monnaie métallique, la seule qui ait une valeur originale et intrinsèque" (f. 107).

Si la valeur du papier-monnaie ne repose que sur "un engagement" ou "une promesse", elle est alors soumise à une double incertitude, tant que rien n'assure le porteur d'une part que la promesse sera honorée et d'autre part à quelle date elle le sera [10]. Cette double incertitude - sur la convertibilité et sur l'échéance - affecte l'agent à travers la menace qu'elle fait peser sur sa propriété. Or, on connaît la position de Bentham chaque fois que le droit de propriété est en cause : parce que prioritaire, l'objectif de sécurité qui se résume à sa protection - en partie du moins [11] - implique une intervention de la puissance publique. Une telle intervention se justifie d'autant plus que la monnaie est analysée par Bentham comme une convention fondée sur l'utilité stipulant l'existence d'une promesse implicite de l'Etat : celui-ci s'engage à garantir aux individus la stabilité de la valeur de la monnaie. Toute dépréciation est alors une infraction à cette promesse d'où procède une perte de confiance des agents. Les derniers écrits monétaires benthamiens, qu'il s'agisse de *Paper Mischief* ou du manuscrit *Sur les prix,* sont loin de désavouer cette position générale : puisque la nature même du papier-monnaie condamne celui-ci à être une menace contre le droit de propriété, il appartient à l'Etat d'assurer la convertibilité métallique de la monnaie - et, plus particulièrement, sa convertibilité à vue. Ce sont alors ces deux conditions,

10. Voir f. 107 : "Supposons l'accomplissement de la promesse hors de doute et l'époque de l'accomplissement au choix du porteur, la valeur du papier-monnaie est exactement la même que celle des portions de métal qu'il *représente*".

11. Bien que l'objectif de sécurité détermine largement l'analyse économique de Bentham, il serait vain d'essayer d'en trouver une définition précise dans son oeuvre. Généralement, cet objectif est assimilé à une protection du droit de propriété, mais il semble que Bentham le comprenne de manière bien plus large puisqu'il renferme également la sécurité des personnes, leur réputation, leur pouvoir et leur condition de vie : voir Bentham, "Leading Principles of a Constitutional Code", in Parekh 1973, p. 197.

explicitement distinguées par Bentham, qui se révèlent nécessaires à la sécurité au sein de l'économie.

La première condition possède un statut très particulier dans la pensée de Bentham puisqu'elle semble davantage se référer à une croyance des individus en la convertibilité qu'à une véritable existence institutionnelle de celle-ci : "dans le cas de la banque d'Angleterre", explique ainsi Bentham, par référence à la période d'inconvertibilité, "nous avons un exemple singulier où le papier a conservé sa valeur lorsqu'il avait cessé d'avoir la faculté de mettre le porteur en possession de sa valeur métallique" ; mais, ajoute l'auteur,

> "même dans ce cas, il n'en est pas moins vrai que la valeur du papier, comme moyen d'échange, était fondée sur sa valeur originaire comme argent. La liaison entre les deux valeurs était interrompue. Dans cette conjecture critique, une convention pour ainsi dire miraculeuse est venue lui donner un nouvel appui. Mais quelle était la base de cette convention ? La persuasion que cette liaison, suspendue pour un temps, serait bientôt rétablie." (ff. 94-5).

On peut s'étonner que les conditions de convertibilité et de convertibilité à vue soient explicitement distinguées [12]. L'analyse benthamienne laisse entrevoir deux explications. La première est circonstancielle : il s'agirait alors de montrer qu'en dépit de la suspension de la convertibilité du papier-monnaie, la "promesse" que renferme celui-ci était maintenue. La seconde explication possible est présente dans les écrits antérieurs de Bentham, lorsqu'il s'interroge sur les caractéristiques d'un bon papier-monnaie et critique les billets de l'Echiquier, qui ne sont endossables qu'au terme d'un certain laps de temps (1795-6, p. 164). Que l'auteur interprète la suspension temporaire de convertibilité de la monnaie comme un "crédit que des créanciers ont fait à leur débiteur, après qu'il avait prouvé qu'il serait solvable" (f. 95) incite à retenir cette seconde explication. On notera qu'elle témoigne d'une confusion entre la notion de convertibilité et celle de délai de paiement, qui recouvre celle entre billet de banque convertible et effet de commerce.

Mais il y a plus : puisque la quantité de papier-monnaie en circulation est supérieure à la quantité d'espèces détenue par le système bancaire, il ne peut y avoir une certitude complète de la part des agents qu'il leur sera matériellement possible de convertir leur papier-monnaie en espèces. Cette possibilité repose seulement sur une probabilité : si le rapport du volume des

12. On notera toutefois que les colonies américaines disposaient d'un papier-monnaie certes convertible mais au bout d'un certain laps de temps ; Bentham n'en fait aucune mention.

espèces au papier-monnaie est de 1 à 3 par exemple (f. 124), tout se passe comme si les agents savaient qu'ils ont une chance sur trois pour que leur demande de convertibilité soit satisfaite. Aussi, à la double incertitude évoquée précédemment vient s'ajouter un élément purement subjectif, dont on peut considérer qu'il conduit à déformer la probabilité objective de convertibilité : c'est ainsi du degré de confiance des agents dans la promesse que renferme le papier-monnaie que va finalement dépendre la valeur de celui-ci. Autrement dit, pour Bentham, la crédibilité du système monétaire repose sur des bases purement psychologiques.

Tous les efforts de Bentham vont alors consister à trouver les moyens pour que cette confiance puisse normalement s'établir : il suffit simplement que chacun sache que la convertibilité métallique du papier-monnaie est *habituellement* assurée. Ainsi, "si un fragment de papier trop petit pour avoir une valeur d'usage s'est trouvé obtenir une grande valeur d'échange, c'est que ce papier a été considéré comme une *promesse* [...] Une longue expérience a confirmé la foi de cette promesse ; et le papier a été reçu comme l'équivalent du métal" (f. 94). C'est pour confirmer cette "foi" que Bentham recommande que chaque banque émettrice détienne un certain montant de réserves métalliques - ce qu'il appelle leur "fonds de sécurité". Il ne s'agit pas pour autant de garantir ainsi tous les billets émis, mais bien d'inciter les agents à penser que les banques pourront toujours faire face à leurs demandes de conversion de la monnaie de papier en monnaie métallique.

La question de la proportion entre le volume du papier-monnaie en circulation et celui des espèces en réserve passe alors au premier plan. Mais là encore, ce sont des éléments d'ordre psychologique qui vont permettre d'y répondre : cette proportion "dépend de l'opinion", explique ainsi Bentham mais, ajoute-t-il, "l'opinion est susceptible de se retourner contre elle-même, par toutes sortes d'appréhensions, bien ou mal fondées" (1800-1, p. 452 ; voir également Bentham 1801, f. 237). Aussi, puisque l'expérience montre que le système en vigueur fonctionne, Bentham suggère que la proportion entre l'émission de papier-monnaie et la réserve d'espèces demeure identique à ce qu'elle est : ce doit être, écrit-il, la "proportion habituelle" (1800-1, pp. 452-3). Cette proportion - de un à trois - représente un compromis entre la sécurité nécessaire au fonctionnement du système bancaire et le coût lié à l'existence de réserves métalliques. Le coût invoqué mérite d'être précisé : l'argumentation ne se réduit pas à celle qu'avait employée Smith (1776, vol. I, pp. 374 et s.), par exemple, et que Bentham connaissait peut-être. Il ne s'agit pas seulement de dire que le remplacement du papier-monnaie par le métal serait d'un coût élevé parce qu'il impliquerait une augmentation de la quantité d'or et d'argent au sein du pays, augmentation qui ne peut être obtenue que par des échanges de marchandises contre métal avec l'extérieur. Cet argument est certes présent, par exemple lorsque Bentham souligne l'économie de capital que permet de réaliser le papier-monnaie : "supposons [...] qu'on n'eût pas travaillé la mine, que le capital employé à ce travail l'eût été à défricher la terre, à améliorer des prairies, à multiplier les bestiaux, vous auriez tiré de l'ancien capital un plus grand fonds de richesses réelles" (f. 232). De même, comme Smith, Bentham reconnaît que les caractéristiques du papier-monnaie ("portabilité", "économie de temps", "sécurité" - ff. 107-8) le rendent plus propre à la circulation que celles du métal ; il conclut alors : "la valeur du papier est encore plus grande que celle du métal, l'ombre vaut mieux que la substance. Il y a dans le signe des propriétés qui ne se trouvent pas dans la chose signifiée" (f. 107). Mais à ces deux arguments s'en ajoute un autre très différent. Il s'appuie sur l'analyse des conséquences du crédit sur la richesse nationale, telle qu'elle apparaissait déjà dans la *Défense de l'usure*, puis dans les écrits monétaires qui lui ont succédé. C'est ainsi que "le papier-monnaie, ce simulacre de l'argent, est productif d'une richesse réelle [tandis] que l'argent métallique, cette réalité substantielle n'en produit pas" (f. 52). La raison en est que le papier-monnaie est émis au profit des capitalistes dont la demande de travail productif s'accroît (f. 230). A l'inverse, la monnaie métallique est émise au profit des rentiers puisque ce sont eux qui possèdent les mines. Or les rentiers emploient la monnaie métallique de manière improductive (f. 231) : cette monétisation de la rente ne contribue alors à l'accroissement de la richesse que dans la mesure où elle engendre une augmentation des profits capitalistes, induite par la hausse de la demande de biens de consommation (*ibid.* et f. 240).

L'analyse benthamienne laisse entrevoir un paradoxe. Reprenons l'argument : il est clair que si la confiance des agents dépend du fait qu'*habituellement* la convertibilité métallique du papier-monnaie est assurée, le moyen de donner la plus grande sécurité à chacun devrait consister en sa couverture totale. C'est bien ce qu'envisage Bentham lorsqu'il écrit que "pour donner une sécurité entière, il faudrait que les banques fussent des banques de *dépôt*, et non des banques de *crédit*" (f. 237). Pourtant, comme on l'a vu, ses recommandations s'éloignent d'une telle solution en raison des coûts qui lui seraient associés. Mais il faut alors supposer que les agents ont un comportement pour le moins étonnant : bien que sachant que la couverture métallique du papier-monnaie n'est pas totale, ils sont censés agir comme si elle l'était - c'est-à-dire en étant persuadés que les banques pourront toujours répondre favorablement à leurs demandes de conversion. Pour étonnant qu'il soit, ce comportement n'en est pas moins rationnel même s'il s'agit d'une rationalité de type mimétique : les individus benthamiens ont un comportement routinier fondé sur la spécularité ; n'ayant pas confiance en leur propre opinion, ils tentent de découvrir l'opinion moyenne, de l'anticiper :

> " Le crédit du papier est une disposition de l'opinion publique qui s'affermit tellement par l'exemple général et par l'habitude [...] : abstraitement parlant, chacun peut savoir que la masse qui existe n'a point de base solide, mais cette réflexion spéculative ne se mêle point aux transactions ordinaires de la vie [...] On [...] reçoit [le papier] comme on le donne. Un autre s'y est fié, on peut s'y fier de même [...]. L'individu qui les prend [les billets] ne les reçoit pas d'après l'opinion qu'il a lui-même de leur solidité, mais d'après l'opinion qu'il voit ou qu'il suppose dans les autres. Il en fut ainsi dans la spéculation du Mississipi - il en fut ainsi dans celle de la mer du Sud." (ff. 278-81).

Ce paradoxe suggère un lien entre confiance et convertibilité assez complexe. Puisque Bentham suppose que les agents ont un comportement mimétique, éviter au processus spéculaire de se dérouler sans fin implique de trouver des sources à la confiance qui leur soient extérieures. L'analyse benthamienne conduit à envisager deux pistes. On pourrait d'abord penser que l'existence d'un mécanisme institutionnel de convertibilité et la conviction que ce mécanisme fonctionne permettent à l'opinion commune de se cristalliser. Deux arguments conduisent pourtant à écarter cette solution. Le premier est logique : le passage d'un régime de convertibilité à un régime d'inconvertibilité ne fait pas disparaître la confiance. Evoquant la situation que connaît l'Angleterre depuis 1797, Bentham affirme en effet que "[...] la promesse [c'est-à-dire le papier-monnaie, NS] continua à être reçue en échange, sans aucune diminution de valeur, même après que l'accomplissement de la promesse fut rendu impossible" (f. 403). Le second argument est exposé dans un chapitre fort obscur (ff. 298-301) où Bentham s'efforce de montrer qu'en période de convertibilité, le risque de banqueroute est inévitable quel que soit le comportement des banques : "à mesure que le papier-monnaie s'accroît, les banquiers réservent une quantité proportionnelle d'argent métallique pour leur *fonds de sécurité*, ou ils ne le font pas. Dans le second cas, la banqueroute doit arriver par le déficit de ce fonds ; dans le premier par sa plénitude" (f. 298). L'imprudence des banques, qui les conduit à émettre une quantité de papier-monnaie excessive par rapport à leurs réserves métalliques, les expose à des demandes massives d'espèces qu'elles ne pourront satisfaire ; mais leur prudence a également un effet pervers : la constitution de réserves métalliques importantes fait disparaître peu à peu les espèces de la circulation (f. 300). Or selon Bentham il est nécessaire que les agents voient circuler de la monnaie métallique, que la convertibilité soit possible ou non : c'est la preuve que l'on est bien dans un régime métallique, une preuve nécessaire puisque la valeur du papier-monnaie ne dépend pas de "la matière dont [il] est composé" mais "est fondée uniquement sur celle de la valeur métallique dont il renferme la promesse" (f. 106).

La proportionnalité entre réserves métalliques et papier-monnaie en circulation n'est donc pas un élément suffisant pour que le système de paiement fonctionne ; elle ne constitue pas la source de la confiance et permet seulement aux demandes d'espèces d'être, dans une certaine mesure, satisfaites lorsque la confiance s'effondre. C'est en fait l'existence d'une proportionnalité entre monnaie-papier et monnaie métallique dans la circulation qui semble permettre la cristallisation de l'opinion commune. L'argument est une fois encore psychologique : la confiance, élément subjectif, trouve sa source dans la circulation d'espèces, associée dans l'esprit humain à ce que l'on peut qualifier de système monétaire sain ou viable. On comprend alors que la convertibilité ne représente pas une condition nécessaire pour l'auteur : le facteur qui permet à la confiance d'exister est en effet compatible avec l'inconvertibilité, pourvu qu'à côté des billets inconvertibles circule une quantité suffisante d'espèces.

Si, selon Bentham, la confiance est fondée sur la circulation d'espèces, rien n'est dit cependant sur la manière dont le système doit être organisé afin d'assurer que cette circulation se maintiendra dans des proportions telles que la confiance puisse effectivement subsister. Plus précisément, Bentham a conscience de la nécessité de "maintenir entre le papier et les espèces une proportion qui puisse garantir d'une banqueroute" (f. 300). Mais il aborde cette question de manière étonnante lorsque l'on sait qu'une partie des débats monétaires qui lui étaient contemporains reliaient les conditions de circulation interne à l'exportation de métal. Bentham évoque en effet la possibilité d'une insuffisance d'espèces qu'il explique par la constitution de fonds de sécurité. Si "il paraît certain que le numéraire en or est déjà devenu plus rare" (f. 299), ce n'est donc pas parce que l'or a été exporté. Bien qu'il trouve là une "opinion qui lui paraît bien fondée", il avoue n'avoir "pas trouvé de raison suffisante pour croire à l'existence de cette exportation de guinées" (f. 300). Dès lors, puisque la quantité des espèces en circulation n'a aucun lien avec l'état de la balance mais dépend uniquement du volume d'émission de papier-monnaie [13], c'est celle-ci qu'il convient de limiter. C'est pourquoi Bentham s'oppose à la révocation de l'acte de suspension des paiements.

13. La composition des fonds de sécurité bancaire a également une incidence sur le volume des espèces en circulation. Ce point est abordé *infra*, pp. 135.

B) Le "huitième faux remède"

"Mesure inefficace pour restreindre l'excès du papier - susceptible de quelque danger pour la banqueroute - inutile dans le présent état du crédit" (f. 399) : tel est l'avis de Bentham lorsqu'il évoque une telle révocation. S'agit-il uniquement de prolonger le *Restriction Act* ? Il semble que l'auteur aille plus loin : les quelques pages qu'il consacre à cette question suggèrent la possibilité de fonder un régime monétaire permanent sur une telle base. Ces pages font partie d'un chapitre consacré aux mesures à prendre pour limiter l'excès d'émission monétaire. Après avoir énuméré celles qui lui semblent correctes, Bentham évoque quatorze "faux remèdes" (ff. 389-411), parmi lesquels la révocation de l'acte de 1797. La discussion distingue la "pure théorie" de ce à quoi peut conclure "un esprit accoutumé à juger du résultat des mesures par la disposition des esprits et par la connaissance de l'intérêt général" (*ibid.*, f. 402).

Du point de vue théorique et conformément à sa propre analyse, Bentham reconnaît qu'il n'y a "rien de plus absurde que l'expédient de la suspension" (p. 401). L'argument est présenté à partir d'un raisonnement tautologique : la suspension de la convertibilité est une réponse au fait que l'engagement de convertibilité ne pouvait plus être respecté. Or, cette réponse consiste justement à rendre impossible une telle promesse : "le pis qui pourrait arriver sans le remède, c'est précisément l'état de choses que le remède a produit tout d'un coup" (*ibid.*).

Pourtant, le résultat obtenu par cette mesure s'éloigne de ce qu'il aurait dû être en théorie : selon celle-ci, la suspension des paiements aurait dû supprimer toute valeur au billet de banque. En réalité, le papier-monnaie a vu sa valeur se stabiliser sous l'effet de la "force de l'habitude" et de la "disposition de l'esprit public" (f. 403). On a évoqué précédemment la "force de l'habitude" ; quant à la "disposition de l'esprit public", il s'agit d'une volonté publique de chaque agent "pour donner une valeur conventionnelle, une valeur égale à sa valeur primitive, à ce papier qui ne valait plus rien" (*ibid.*). L'explication peut sembler faible ; elle suffit pourtant à Bentham d'autant mieux qu'elle s'applique à un domaine dans lequel les arguments d'ordre psychologique sont essentiels.

A ces arguments basés sur l'observation de la situation d'alors s'ajoutent des considérations relatives à l'intérêt général : "la seule raison pour prolonger l'acte de suspension, c'est la sûreté : mais cette raison parait concluante" affirme ainsi Bentham (f. 400). On retrouve ici ce qui fait la singularité de l'analyse économique de Bentham : du point de vue de la seule théorie économique - c'est-à-dire de la subsistance et de l'abondance -, la suspension de la convertibilité est

14. Le domaine de l'économie est en effet défini par Bentham par la réalisation des deux objectifs de subsistance et d'abondance. Voir Sigot 1993, pp. 23-48.

une mesure paradoxale ; mais dès lors que l'on tient compte de l'existence d'une subordination du champ économique au domaine législatif, on doit introduire l'objectif de sécurité dans l'analyse, ce qui en modifie les conclusions 14. En ce sens, ni les données subjectives telles que l'habitude, ni les considérations relatives à l'intérêt général se situent hors de la théorie selon Bentham.

L'argument en termes de sécurité consiste ainsi à mettre en balance d'une part le caractère incertain - quant à l'objectif de restriction du volume de l'émission de monnaie - et potentiellement dangereux de la révocation du *Restriction Act*, d'autre part l'expérience réussie de l'inconvertibilité. Rétablir la convertibilité, explique en effet Bentham, est s'exposer à la possibilité de demandes de conversion en espèces et, au cas où ces demandes ne pourraient être satisfaites, "le papier perdrait sa valeur" (*ibid.*) : c'est en fait la possibilité d'une banqueroute qui est évoquée ici, une possibilité qui existe toujours, par nature, dans un système de convertibilité. En outre, rien ne garantit qu'une telle mesure aurait pour conséquence de diminuer la quantité émise de ce papier : celle-ci dépend non des décisions législatives, mais des seuls intérêts des banquiers. Or si ces derniers ont multiplié la quantité de papier-monnaie dans les quarante dernières années, c'est selon Bentham parce que "le profit du banquier [est] proportionnel à la quantité de papier qu'il émet et qu'il circule" ; plus précisément, le profit retiré est "le montant de l'intérêt au taux commun (5 pour cent) sur toute la quantité en circulation moins la somme qu'il [le banquier, N.S.] doit avoir en réserve pour constituer son fonds de sécurité" (f. 260 ; voir également f. 401). S'il est de l'intérêt des banquiers d'augmenter la quantité de monnaie en circulation, deux circonstances viennent toutefois limiter cette augmentation. Il y a d'abord arrêt de l'émission lorsque les banquiers "arrivent au point où l'excès commence dans le sens qu'ils attachent à ce mot" (f. 399). La mesure de cet excès dépend du contexte : elle consiste en une décote en période d'inconvertibilité et en l'accroissement de "la demande de l'or en échange de leurs billets de £ 1" (*ibid.*) en situation de convertibilité. La seconde circonstance est la peur de ne pouvoir satisfaire les demandes de convertibilité : elle pourrait "peut-être" limiter leur émission de papier-monnaie mais "*peut-être* aussi qu'ils n'auraient pas cette peur et", ajoute Bentham, "ce dernier *peut-être* est plus conforme à l'expérience" (ibid.). Toutefois, la probabilité d'un *run* et donc d'une banqueroute est tellement faible - hors circonstances extraordinaires, telles qu'"une défiance générale du papier-monnaie" (f. 261) ou

15. Dans une lettre citée par Sraffa (p. 262), datée du 20 avril 1801, Bentham affirme avoir consacré "la plus grande partie de [son temps] depuis environ deux ans" aux questions monétaires : "le résultat n'est pas favorable aux banques provinciales ; et quel que soit le sort du papier gouvernemental proposé, je suis en train de préparer un pamphlet, qui s'intitulera, je pense, *The True Alarm* (en contradiction et en référence à Mr Boyd, qui me semble être en grande partie bien que peut-être pas totalement, dans l'erreur)..." (*The Works of Jeremy Bentham*, vol. XX, p. 364).

"une demande extraordinaire par une banque rivale" (f. 262) -, qu'elle ne peut constituer un frein véritable à l'émission de papier-monnaie.

D'un autre côté, l'expérience réussie de l'inconvertibilité se présente selon Bentham comme un argument suffisant pour la prolonger. Pourtant au moment où le manuscrit est rédigé - il est daté de 1801 [15] -, la livre s'est dépréciée par rapport à sa valeur légale en or [16]. Bentham n'y fait jamais référence ; au contraire, le contexte qu'il évoque correspond à la période postérieure à février 1797 et antérieure à 1800 : la valeur courante de la livre est alors légèrement au dessus de sa valeur légale en or. C'est pourquoi Bentham envisage principalement la possibilité d'une prime sur le papier et rarement d'une décote (ff. 399 et 400). La référence à des débats sur la révocation de l'acte de suspension permet de préciser encore la date à laquelle Bentham soutient la nécessité de la prorogation de cet acte : c'est en février 1797 qu'il a été adopté pour une durée limitée à quatre mois. C'est donc à l'issue de cette période que la question de son abrogation est de nouveau soulevée et que vraisemblablement Bentham s'y oppose [17].

C'est alors cette situation d'inconvertibilité qui semble être adoptée comme hypothèse par Bentham dans le cadre des propositions de réforme du système bancaire qu'il recommande.

III - Maux et remèdes

Ces propositions, appelées par Bentham "remèdes définitifs", ont un double objet : il s'agit, d'une part de faire cesser l'augmentation des prix au moyen d'une limitation de l'émission monétaire (A), et d'autre part de réduire sinon de supprimer le risque de banqueroute (B).

A) Stopper l'inflation

L'analyse benthamienne des relations entre la quantité de monnaie en circulation et le niveau général des prix est singulière par rapport à celle des économistes qui lui sont contemporains. La conception alors dominante ne reconnaissait en effet comme mesure de la perte de valeur interne des billets de banque que la seule prime sur le lingot (voir Schumpeter 1954, vol. II, p.

16. Voir Boyer-Xambeu, Deleplace et Gillard (1995, pp. 46 et 226-38) : le pouvoir d'achat du billet sur le marché de l'or est légérement supérieur à sa valeur légale en or jusqu'au 24 septembre 1799 puis, après quelques mois de non cotation (du 25 septembre 1799 au 20 mai 1800), la livre subit une décote d'environ 10 % jusqu'en 1805.

17. Cette partie du manuscrit aurait donc été rédigée au milieu de l'année 1797 ; le manuscrit aurait alors été écrit entre cette date et 1801.

440) : c'était la position de W. Boyd, dans sa lettre à W. Pitt qui lance la première controverse bullioniste, ou celle de P. King, à qui la littérature en attribue la paternité sous le nom de "test de King" (Rosier 1994, pp. 1234-5) ; ce sera également celle de Ricardo (1809). A l'inverse, Bentham assimile augmentation des prix et dépréciation de la monnaie qui "ne sont que deux manières différentes d'exprimer le même fait" (f. 46) [18]. Puisque l'inflation résulte d'un excès d'émission monétaire, la supprimer implique de limiter tant la demande de crédit que l'offre de monnaie qui y répond aux nécessités du financement de la production et du commerce.

La demande de crédit est le fait des capitalistes qui en tirent profit en fonction du "gain sur le capital qui [leur] est avancé" (f. 201). Réduire cette demande implique de rendre moins profitables les opérations de crédit : aussi Bentham propose-t-il d'instaurer une taxe sur le capital emprunté qui, selon lui, ne serait pas soumise aux "objections qui s'offrent d'abord contre ce genre d'imposition [puisqu'elle porterait] non sur le capital existant mais sur le capital croissant et qu'elle ne pourrait jamais tomber que sur des individus en état de la payer" (f. 204) ; autrement dit, elle ne modifierait en rien la structure de l'allocation du capital nouveau mais diminuerait la rentabilité de l'ensemble des projets d'investissement.

Symétriquement, il convient de limiter le volume de l'émission monétaire de telle sorte que son taux d'accroissement soit identique à celui de la production puisque "une hausse dans les prix est une indication et une preuve que l'addition faite à la quantité d'argent n'a pas été balancée par une addition proportionnelle à la masse de la richesse réelle" (f. 224 ; voir aussi f. 352).

Cette "quantité d'argent" comprend aussi bien la monnaie métallique que la monnaie de papier. Pourtant c'est principalement à cette dernière que Bentham va s'attacher, non pas parce que les effets de la monnaie métallique sur les prix seraient moins néfastes que ceux du papier-monnaie - au contraire [19] - mais parce que, d'une part les espèces lui semblent susceptibles d'une moindre augmentation par rapport au papier-monnaie, et d'autre part toute augmentation de la quantité de monnaie métallique autorise un accroissement de trois fois cette

18. Dans le manuscrit *Sur les prix*, Bentham explique le lien entre inflation et volume de l'émission monétaire en distinguant les effets d'une augmentation du papier-monnaie de ceux d'un accroissement de la monnaie métallique : dans le premier cas, parce que le papier-monnaie est émis au profit des capitalistes, la demande de travail s'accroît, induisant des tensions sur le marché du travail qui se traduisent par des hausses de salaires et de prix ; dans le second cas, il s'agit d'une inflation par la demande. Voir Guidi et Sigot (1996).

19. Dans le cas d'un accroissement du volume de monnaie métallique, l'augmentation du niveau général des prix est en effet supérieure comparée à ce que produit une expansion des crédits puisque l'accroissement de richesse qui se réalise est moindre : voir Guidi et Sigot 1996, pp. 18-20.

quantité additionnelle en monnaie de papier - accroissement qu'il est dans l'intérêt des banquiers de réaliser. Toutefois, si la monnaie métallique dans la circulation continuait à augmenter, l'auteur propose un "remède simple et direct, suffisant à tout et sans inconvénient" : il s'agit tout simplement d'interdire le monnayage (f. 384). Quant au papier-monnaie, sa limitation en quantité suppose une réforme du système bancaire de grande ampleur : schématiquement, Bentham propose la création d'un marché oligopolistique avec barrières à l'entrée [20]. C'est en effet un système de patente qui doit permettre à la fois la limitation du volume de l'émission monétaire et celle du nombre d'intervenants sur le marché : le "commerce de banque" sera exercé uniquement par les possesseurs d'une patente (f. 373), renouvelable chaque année. Celle-ci précisera la quantité maximale de papier-monnaie que la banque s'engage à mettre en circulation (*ibid.*) ; tout dépassement sera sanctionné (f. 375). En fonction de ce plafond, un droit annuel sera perçu, auquel s'ajoutera une taxe proportionnelle au montant de papier émis par l'institution (ibid.). Afin que le nombre de patentes reste constant, un marché à l'enchère sera organisé sur lequel les patentes libres - à la suite d'une faillite ou d'un non-renouvellement par exemple - seront vendues (ff. 374 et 375).

Il reste à stipuler qui organisera ce système. Le manuscrit ne le précise pas explicitement. Mais on peut supposer que c'est à l'Etat qu'incombera cette tâche : c'est en effet l'objectif de sécurité qui est en cause - un objectif qui justifie l'intervention de l'Etat. C'est pourquoi Bentham envisage également la possibilité de donner à l'Etat le monopole d'émission de la monnaie :

> "Il serait utile, s'il était praticable, de ne pas laisser aux individus le droit d'émettre du papier-monnaie mais d'attribuer ce pouvoir au gouvernement - en tant que monnaie, c'est une prérogative originaire du gouvernement de lui donner cours et crédit - en tant que monnaie dont la quantité est dangereuse, il est peu politique de laisser cette création à des individus qui ont toujours des motifs pour l'étendre - en tant que cette monnaie a l'opération d'une taxe très dure pour une portion de la communauté, sans autre compensation que le profit d'un certain nombre d'individus, il

20. Les propositions benthamiennes d'organisation du marché bancaire soulèvent le problème du "libéralisme" traditionnellement attribué à l'auteur. Sur cette question, voir par exemple Halévy (1901-4), Brebner (1948: 61), Robbins (1952), Hutchison (1956), Guidi (1991) ou Sigot (1993) et (1996).

21. Aucun argument ne justifie ce jugement ; c'est Dumont qui tente d'en fournir un : selon lui, "le papier a plus de crédit, n'étant pas émis par le gouvernement - parce que les créanciers se croient plus forts contre des individus pour recouvrer leurs droits qu'ils ne le seraient contre le gouvernement [...] - [parce qu']on se fie mieux à la prudence des individus et à l'intérêt qu'à la sagesse du gouvernement [et parce que] si un banquier se discrédite il se ruinera - si un gouernement se discrédite, le mal ne tombe sur aucun individu assignable " (n. f. 352bis).

vaudrait mieux que ce bénéfice fût perçu par le gouvernement et tendît à soulager la communauté entière du fardeau des taxes." (f. 352 bis).

Mais cette mesure n'est finalement pas retenue par Bentham parce que jugée pour l'instant non praticable [21]. De ce fait et jusqu'à ce qu'elle le devienne, l'auteur recommande "qu'une part du profit qui résulte de la fabrication et de la circulation du papier-monnaie fût donnée au gouvernement" (*ibid.*).

S'il appartient à l'Etat d'organiser le marché bancaire, il lui faut alors fixer une norme de progression maximale du volume de papier-monnaie en circulation afin que l'objectif d'un taux d'inflation nul soit respecté. Là encore, la position de Bentham est singulière. Reprenons l'argument. Il s'agit d'instaurer un lien entre la masse monétaire et les besoins du commerce. Or ceux-ci ne peuvent être connus *a priori*. Mais sans cette information, l'Etat ne peut fixer sa règle de progression maximale de la masse monétaire. Face à cette difficulté, ce que suggère le manuscrit benthamien consiste à utiliser le taux d'inflation comme indicateur du caractère approprié ou non de la politique monétaire. On peut retrouver cette intuition presque wicksellienne dans deux étapes du raisonnement de Bentham. La première est une proposition pour créer un comité chargé d'établir, d'une part le montant passé de la hausse des prix dans les quarante dernières années (f. 361), et d'autre part le volume de l'accroissement de la quantité de monnaie en circulation pendant cette même période (f. 367). La seconde étape reconnaît la difficulté qu'il y a à estimer le taux d'inflation : deux mesures doivent être utilisées simultanément. La première revient "par une preuve directe, [à] se procur[er] la table des prix de période en période et [à] les compar[er] entre eux" (*ibid.*, f. 196) ; la seconde consiste à comparer l'augmentation de la masse monétaire aux "additions connues et présumées faites à la masse des choses vénales dans le même espace" (*ibid.*). Ces deux étapes ne prouvent pas seulement que Bentham avait conscience des difficultés de mesure tant de la hausse des prix [22] que du montant des transactions réalisées ; elles suggèrent surtout qu'il existe un lien étroit entre le taux d'inflation, le taux de progression de la masse monétaire et le taux de croissance de la production : c'est ce lien qui va permettre une réglementation centralisée de l'émission monétaire.

Connaître précisément les taux de croissance de la masse monétaire et des prix ne doit pas seulement permettre d'élaborer la règle de politique monétaire. L'information ainsi obtenue a également pour objet de renforcer la confiance des individus dans le papier-monnaie afin de limiter tout risque

22. Les modalités de construction d'un indice du niveau général des prix ont d'ailleurs retenu l'attention de Bentham dans le manuscrit *Sur les prix* : voir Sigot 1995, p. 235 et n. 3.

de banqueroute : c'est le second axe du plan proposé par Bentham.

B) Limiter le risque de banqueroute

Si la suspension de la convertibilité a réduit le risque de banqueroute, elle ne l'a pas supprimé pour autant : les faillites individuelles sont en effet toujours possibles. Or toute faillite d'une banque particulière "affaiblit [...] le crédit et [...] un certain nombre de banqueroutes particulières peuvent en amener une générale" (f. 201). C'est pourquoi les patentes que Bentham propose de mettre en place ne pourront être délivrées "avant que le banquier ait fourni une sécurité avec ou sans caution, dans une certaine proportion à la plus grande somme de papier-monnaie qu'il pourra tenir en circulation tout à la fois" (f. 373). Cette condition mérite d'être discutée puisqu'elle revient à imposer aux banques le maintien de réserves métalliques, alors même que la convertibilité est supprimée : il s'agit en effet de maintenir un "fonds de sécurité pécuniaire [qui] se rapporte à [la] solvabilité définitive [des banques]" (f. 379). Il semble que ce soient les capitaux propres que, comme toute entreprise, chaque banque doive posséder de manière à ce que "les banquiers puissent en derniers résultats faire face à leurs engagements" (*ibid.*). Il ne s'agit pas seulement de réserves en monnaie métallique, même si l'on peut imaginer que Bentham tient à ce que ces dernières soient maintenues en raison de leur cours légal. Mais "des maisons, des fonds de terre qui ne pourraient point contribuer à la solvabilité immédiate peuvent servir de garantie à la solvabilité définitive" (*ibid.*, f. 380) : une telle composition, hétérogène, permet d'éviter que cet instrument de sécurité ne devienne finalement dangereux. On a souligné *supra* l'importance de la circulation des espèces comme fondement de la confiance. Or, la constitution de réserves métalliques par les banques avait pour effet de réduire cette circulation : "la banqueroute est un évènement qui paraît d'autant plus prochain et plus sûr que la prudence sera plus appliquée à la prévenir. Plus le danger de cette catastrophe fait impression sur l'esprit d'un homme et opère sur sa conduite, plus il sera porté à se réserver un fonds de sécurité proportionné au papier qu'il met en circulation : jusqu'à ce qu'enfin toute la masse d'argent qui existe soit enlevée à la circulation et absorbée dans les coffres des Banquiers" (f. 300). Combiner l'impératif de la sécurité financière des banques avec la nécessité de la circulation d'espèces impose donc la constitution de fonds de sécurité qui ne soit pas seulement composés d'espèces métalliques.

Les "fonds de sécurité pécuniaire" ne jouent pas seulement un rôle en cas de faillite de la banque. Certes, cet aspect est important puisque toute faillite peut effectivement engendrer une perte de confiance par rapport au papier-monnaie. Mais ces fonds contribuent également à renforcer cette confiance par un tout autre mécanisme : si l'inconvertibilité fait disparaître la possibilité d'accomplissement de la promesse que renferme le papier-monnaie, toute relation de ce dernier au métal n'est en effet pas supprimée. L'association entre ces deux éléments demeure dans l'esprit des agents. C'est sans doute pourquoi Bentham n'envisage pas que la monnaie métallique disparaisse de la circulation : elle devra continuer à circuler parallèlement au papier-monnaie. On retrouve ici l'une des bases de l'utilitarisme benthamien : déjà la coutume permettait d'expliquer pourquoi la suspension de la convertibilité n'avait pas supprimé toute valeur au papier-monnaie ; ici c'est également le comportement psychologique des individus qui permettra de conserver la confiance dans le papier-monnaie et par suite de limiter le risque de banqueroute.

C'est un argument du même type qui est utilisé par Bentham pour justifier l'existence de fonds de sécurité : l'information des agents sur le volume de ces réserves apparaît en effet comme un élément nécessaire à la pérennité du système de crédit. L'argument est complexe car l'information joue un rôle ambivalent. D'un côté, elle "pourrait mettre en danger le crédit public, et amener la banqueroute en découvrant [aux agents] la faiblesse des bases du crédit pécuniaire" (f. 369) : Bentham n'écarte pas cette possibilité mais la réserve aux périodes de "crise et d'alarme" (*ibid.*). En dehors de ces périodes c'est l'opinion publique qui gouverne : "je puis croire qu'une note de £ 100 ne vaut pas un fêtu - je n'en serais pas moins disposé à en donner £ 200 si je vois d'autres personnes disposées à la prendre de moi non seulement pour la même somme, mais pour une plus grande" (f. 281). Mais d'un autre côté, l'information peut amener les banques à limiter leur émission de papier. L'information apparaît en effet comme un complément voire un substitut à la réglementation : "soit pour le soumettre à des règlements", recommande Bentham, "soit pour qu'il se réglât de lui-même sans législation, il convient que la quantité en circulation soit toujours connue du gouvernement et du public" (f. 352). Dans ces conditions, on peut imaginer que l'information sur le volume de la masse monétaire constitue une incitation supplémentaire au respect de la réglementation imposée par l'Etat en ce qui concerne son taux de progression. L'information permet alors de renforcer la confiance des individus à l'égard de la monnaie : la possibilité pour les agents économiques de vérifier le respect de la règle de politique monétaire renforce ainsi son efficacité. Dans des termes modernes, la position de Bentham apparaît comme intermédiaire entre l'idée d'une non-neutralité de cette politique et la reconnaissance, à travers la question de la confiance, d'une nécessaire crédibilité des autorités monétaires.

Conclusion

Si les conceptions monétaires de Bentham présentent quelque originalité par rapport à celles de ses contemporains, c'est moins à travers les conclusions auxquelles elles parviennent que dans la démarche qui les caractérise et l'argumentation utilisée. Affirmer sa méfiance à l'égard d'une émission excessive de papier-monnaie, discuter de ses effets sur les prix, le niveau d'activité ou la structure de la production n'est pas spécifique de l'approche benthamienne : l'enthousiasme de Bentham à la lecture de *Paper Credit* de Thornton le montre bien [23]. En revanche, il est plus caractéristique de voir se dérouler l'argumentation à partir de prémisses qui font passer au premier plan : 1) la nature conventionnelle du papier-monnaie ; 2) la confiance, élément-clé dans la détermination de la valeur de ce papier-monnaie ; et 3) les modalités psychologiques du traitement de l'information de la part des agents concernés - les banquiers mais également tous ceux qui sont appelés à demander de la monnaie. Cela témoigne de l'attention que porte Bentham à la manière dont opère le principe d'utilité. Les critiques que l'auteur adresse au système monétaire existant découlent de ces prémisses : la dépréciation de la monnaie, c'est-à-dire chez Bentham l'inflation, est condamnée, non en raison des obstacles qu'elle oppose à l'activité économique, mais parce qu'elle mine la confiance et, de ce fait, accroît les risques de banqueroute généralisée. Dès lors, la préoccupation ultime de Bentham est que le papier-monnaie inspire confiance ; éviter l'inflation n'est qu'un objectif intermédiaire. Les recommandations de Bentham pour construire ce que l'on a appelé ici un système monétaire sain sont directement issues de cette logique : proportionner la quantité de papier-monnaie aux besoins de la circulation est une condition nécessaire mais non suffisante pour éviter les banqueroutes ; ce qui est fondamental est d'éviter l'excès d'émission par rapport aux réserves des banques et à la quantité de monnaie métallique en circulation.

C'est cette originalité des conceptions monétaires de Bentham qui explique peut-être l'incompréhension dont témoigne Ricardo lorsqu'il lit le manuscrit entre le 25 décembre 1810 et le 11 janvier 1811 (Sraffa 1951, vol. III, p. 261) : non seulement la situation monétaire de l'Angleterre a évolué entre le moment où Bentham le rédige et celui où Ricardo le découvre, rendant l'ouvrage dépassé, mais d'importantes différences d'ordre conceptuel opposent les deux auteurs, en dépit d'une conclusion semblable selon laquelle la surabondance du papier-monnaie est à l'origine de sa dépréciation. C'est pourquoi, bien qu'ayant trouvé le manuscrit benthamien intéressant [24], Ricardo

23. Voir le manuscrit reproduit ci-après.

24. "Il contient quelques idées très intéressantes et justes sur le sujet", écrit Ricardo à Mill dans sa lettre du 1e janvier 1811 (in Sraffa 1952, p. 14).

y relève "quelques défauts radicaux" (in Sraffa 1952, p. 14) qui le rendent impropre à la publication. Le manuscrit tombera alors dans l'oubli.

Université de Picardie-Jules Verne, ERSI
CHPE (Université de Paris I)

BIBLIOGRAPHIE

BENTHAM J. (1828-43), *The Works of Jeremy Bentham, Published Under the Superintendance of his Executer, John Bowring*, Edinbourg, Tait, 22 vol.

BENTHAM J. (1952-4), *Jeremy Bentham's Economic Writings. Critical Edition Based on this Printed Works and Unprinted Manuscripts*, W. Stark (éd.), Londres, G. Allen et Unwin for the Royal Economic Society, 3 vol.

BENTHAM J. (1787), *Defense of Usury*, in Bentham (1952-4), vol. I, pp. 121-207.

BENTHAM J. (1795-6), *Proposal for the Circulation of a [New] Species of Paper Currency*, in Bentham (1952-4), vol. II, pp. 155-200.

BENTHAM J. (1800), *Abstract or Compressed View of a Tract Intituled Circulating Annuities*, in Bentham (1952-4), vol. II, pp. 205-342.

BENTHAM J. (1800-1), *Paper Mischief* [exposed], in Bentham (1952-4), vol. II, pp. 429-58.

BENTHAM J. (1801), *Sur les prix*, Ms Dumont 50, Bibliothèque publique et universitaire de la Ville de Genève, f. 30-439.

BENTHAM J. (1794-1828), *Memoirs and Correspondance*, in Bentham (1828-43), part. XX, pp. 305-606.

BOYER-XAMBEU M.T., DELEPLACE G. et Gillard L. (1995), "Bimétallisme, taux de change et prix de l'or et de l'argent (1717-1873)", *Economies et Sociétés*, série AF, vol. 19-20.

BREBNER J.B. (1948), "Laissez-faire and State Intervention in Nineteenth Century Britain", *Journal of the Economic History*.

GUIDI M. (1991), *Il sovrano e l'imprenditore, utilitarismo ed economia politica in Jeremy Bentham*, Roma-Bari, Laterza.

GUIDI M. et SIGOT N. (1996), "Crédit, inflation et alarme dans les écrits benthamiens : deux lectures parallèles", communication au colloque "L'utilitarisme :

analyse et histoire", Lille.

HALEVY E. (1901-4), *La formation du radicalisme philosophique*, Paris, PUF, 1996.

HUTCHISON T.W. (1956), "Bentham as an Economist". *The Economic Journal*, June.

LUTFALLA M. (1981), *Aux origines de la pensée économique*, Paris, Economica.

PAREKH B. (1974), *Jeremy Bentham, Ten Critical Essays*, Londres, Frank Cass.

ROBBINS L. (1952), *The Theory of Economic Policy in English Classical Economy*, Londres, Macmillan, 2nde éd., 1978.

ROSIER M. (1994), "Etre ou ne pas être smithien en 1804 : le cas Lord Peter King", *Revue Economique*, vol. 45, n° 5, septembre, pp. 1227-1250.

SCHUMPETER J.A. (1954), *Histoire de l'analyse économique*, Paris, Gallimard, 1983.

SIGOT N. (1993), ""Be Quiet" mais modérément : le rôle de l'Etat dans la pensée économique de Jeremy Bentham", *Revue Economique*, vol. 44, n∞ 1, janvier, pp. 23-49.

SIGOT N. (1995), *L'utilitarisme benthamien à la rencontre de l'économie classique,* Thèse pour le Doctorat ès Sciences économiques, Université de Paris 1, janvier.

SILBERNER E. (1939), "Un manuscrit inédit de David Ricardo sur le problème monétaire", *Revue d'Histoire Economique et Sociale*, vol. 25, pp. 195-259.

SMITH A. (1776), *Recherches sur la nature et les causes de la richesse des nations*, 2 vol., Paris, Flammarion, 1991.

SRAFFA P. (1951), "Note on "Notes on Bentham" ", in *The Works and Correspondence of David Ricardo*, vol. III, pp. 261-6.

SRAFFA P. (1952), "Introductory Notes to the Correspondance", in *The Works and Correspondence of David Ricardo*, 1973, vol. VI, pp. XIII-XLI.

SRAFFA P. (1952), "Letters 1810-1815", in *The Works and Correspondence of David Ricardo*, 1973, vol. VI.

ÉDITION

DISCUSSION SUR LE PAPIER-MONNAIE À PROPOS D'UN OUVRAGE D'H. THORNTON

Jeremy BENTHAM

Manuscrit inédit
Bibliothèque publique et universitaire de la Ville de Genève,
Ms Dumont 50, f. 440-452

SUR "DISCUSSION SUR LE PAPIER-MONNAIE À PROPOS D'UN OUVRAGE D'H. THORNTON" : L'OPINION DE BENTHAM SUR CET OUVRAGE.

Nathalie SIGOT

C'est en lisant *The Enquiry into the Nature and Effects of the Paper Credit of Great Britain de Thornton* que, selon E. Halévy (1901-4, vol. II, p. 143), Bentham aurait abandonné ses propres travaux consacrés aux questions monétaires [1] "après en avoir constaté [...] le peu d'originalité". Le jugement pourra paraître sévère. Même s'il présente l'avantage de proposer une explication à l'inachèvement des écrits de Bentham sur les questions monétaires , la lettre que celui-ci adresse à Dumont et qu'utilise E. Halévy pour étayer sa thèse conduit à le nuancer : évoquant l'ouvrage de Thornton dont il vient d'achever la lecture, Bentham y reconnaît "[...] un ouvrage d'un grand mérite", ajoutant qu'"une controverse avec [son auteur] serait réellement instructive" (1828-43, p. 389). C'est cette controverse que Bentham commence dans le manuscrit que l'on présente ci-dessous : "Discussion sur le papier-monnaie, à propos d'un ouvrage d'H. Thornton". Ces quelques pages n'avaient jamais été publiées : Stark, qui les mentionne deux fois dans son appendice II du troisième volume de *Jeremy Bentham's Economic Writings*, d'abord dans leur version anglaise, telle qu'elle est conservée à *University College London* [2] (1952-4, p. 506), puis dans leur version française (*ibid.*,

1. *Sur les prix*, rédigé entre 1797 et 1801, est le dernier manuscrit de Bentham sur la monnaie dont nous disposions - en dehors de celui qui est présenté ici. Pourtant sa correspondance montre qu'il avait commencé un autre ouvrage sur cette question - à moins que ce ne soit une nouvelle version de ce même manuscrit - pour répondre à Boyd "qui [lui] semble être en grande partie bien que peut-être pas totalement, dans l'erreur" (Bentham, 1828-43, p. 364).

2. Boîte 17, f. 75 : ì21.V.1804. An excerpt from Thornton's book, *Inquiry into the Nature and Effects of the Paper Credit of Great Britain.* Cf. Geneva Collection, box L, 440-453î.

CAHIERS D'ÉCONOMIE POLITIQUE, n°32, L'HARMATTAN, 1998.

p. 534), n'avait pas jugé bon de les reproduire. Pourtant, tant dans l'enthousiasme qui y est exprimé en faveur de l'ouvrage de Thornton que dans le désaccord, elles apparaissent comme une présentation synthétique des dernières positions défendues par Bentham dans le domaine monétaire. De ce fait, leur comparaison avec le manuscrit *Sur les prix* - cet ouvrage long et peu structuré que Dumont eut tant de difficultés à traduire - présente le double avantage de pouvoir juger de l'évolution de la pensée monétaire de leur auteur et de mettre en évidence les éléments importants de son argumentation.

Le manuscrit s'ouvre sur un éloge appuyé en faveur de l'ouvrage de Thornton : "je dois à l'auteur", affirme Bentham, "un tribut de reconnaissance comme à un maître qui m'a instruit et même le seul qui m'ait instruit, relativement à cette branche encore neuve de la science statistique. Les faits qui lui servent de base sont exacts et précis, ses raisonnements sont tirés des seules sources légitimes, les inconvénients et les avantages. Il n'y a point de jargon sur les droits de l'homme, il n'y a point de conclusions fondées sur des métaphores [...]. En un mot, chaque proposition est claire et je vois d'abord ce que je puis adopter et ce que je dois rejeter" (Mss., f. 441). Cette reconnaissance, qui constitue indirectement une critique des thèses de Smith sur la monnaie [3], tient essentiellement à un accord sur la question des relations entre l'augmentation du crédit et l'accroissement de richesse : Bentham trouve ainsi chez Thornton [4] l'idée qu'il défend lui-même selon laquelle une forte émission de papier-monnaie engendre des effets réels positifs, tout en présentant des inconvénients - une augmentation du niveau général des prix. Conserver ces avantages tout en supprimant les effets néfastes de l'inflation implique, selon Bentham, que "la proportion de l'argent aux valeurs vénales restât constamment la même" (f. 443) : une conclusion qui apparaissait déjà dans le manuscrit *Sur les prix*. Bentham est encore d'accord avec Thornton pour reconnaitre qu'un "déficit dans le numéraire [peut] produire des incon-

3. La référence à Smith est fréquente dans les écrits de Bentham : en particulier, la lettre 13 de *Defence of Usury* adressée à Smith commence par un long éloge de ce dernier : "Au lieu [...] de prétendre que je ne vous dois rien, je commence par reconnaître que les points sur lesquels je me trouve d'accord avec vous doivent être ceux aussi sur lesquels j'approche le plus de la vérité. Je pourrais même dire que je vous dois tout [...]" (1787, p. 167). Mais sur les questions monétaires, Bentham change de maître : alors que chez Thornton " il n'y a point de conclusions fondées sur des métaphores", la *Richesse des nations* constitue un exemple du "danger de la rhétorique substituée à la logique. L'imagination est trompée [...] et l'esprit laisse échapper le véritable rapport qui existe [...] entre le papier qui n'est qu'une promesse et l'or qui est la chose promise" (1801, f. 310).

4. L'analyse de la théorie monétaire de Thornton dépasse le cadre de cette présentation du manuscrit benthamien ; nous nous limitons donc ici à restituer la lecture que propose Bentham de l'ouvrage de Thornton.

vénients réels", de même qu'une "diminution considérable de la masse des billets de banque en circulation". Mais tandis que le premier insistait longuement sur ces inconvénients (1802, pp. 117-121 et 124), Bentham tend à en relativiser les effets pour insister sur les conséquences pernicieuses du phénomène inverse, celui de l'excès d'émission. Entre deux maux, il choisit ainsi celui qu'il estime être le moins important : la diminution de la masse monétaire. Ce choix, qui le conduit à critiquer la position de Thornton, est justifié en deux temps.

Dans un premier temps, Bentham montre que, dans le cas de l'Angleterre, les effets positifs de l'accroissement du volume monétaire sont faibles, voire nuls et, de toutes façons, inférieurs aux coûts qui lui sont associés. A Thornton, pour qui l'augmentation du crédit "opère [...] en donnant vie à une nouvelle industrie" (1802, p. 236), fournissant ainsi de l'emploi aux "personnes précédemment oisives" (*ibid.*), Bentham répond en conditionnant ces effets aux possibilités d'accroissement de la production. Or, celles-ci se heurtent à deux limites. La première concerne la quantité de terres cultivables (f. 447) ; tandis que les écrits antérieurs de Bentham consacrés aux questions monétaires mettaient l'accent sur les défauts de main-d'oeuvre en distinguant les situations de plein-emploi, dans lesquelles un accroissement de la masse monétaire conduisait à une augmentation du niveau général des prix, des situations de sous-emploi, où ce même accroissement du volume de monnaie était susceptible d'engendrer une richesse nouvelle, le manuscrit présenté ici insiste sur les risques de dépendance de la Grande-Bretagne vis-à-vis du reste du monde en matière de biens de subsistance. Il est clair que le danger de la disette y est moins présent que celui d'être "exposés à toutes les variations politiques dans la disposition de nations rivales et souvent ennemies" (f. 449). On reconnaît là une thèse qui sera défendue notamment par Malthus, en 1815, lors des débats sur les *Corn Laws*. La seconde limite à l'accroissement de la production évoquée par Bentham est plus surprenante : il s'agit du rapport entre la production agricole et la production manufacturière (f. 448). Elle n'est guère explicitée dans le manuscrit et il faut se reporter aux écrits antérieurs de son auteur pour en préciser le sens (voir Sigot, 1995, pp. 147-67).

Dans une seconde étape, Bentham justifie ses positions concernant la nécessité d'une réduction du volume de la masse monétaire en évaluant les coûts d'une diminution des prix engendrée par une telle mesure. Le raisonnement n'est pas achevé : Dumont n'en a réalisé qu'une traduction partielle faute d'avoir "pu [s'en] faire une idée nette" (f. 452). Mais l'extrait dont nous disposons présente l'intérêt d'illustrer la méthode suivie par Bentham : les coûts sont mis en rapport - ici de manière implicite - avec les avantages de la mesure, de sorte que, conformément au principe d'utilité, on ne puisse conclure que la mesure est bonne uniquement si les avantages qui lui sont liés dépassent ses coûts. C'est le cas ici.

Finalement, l'admiration manifestée par Bentham à l'égard de l'ouvrage de Thornton - une admiration qui le conduira à en recommander la traduction en français à Dumont [5] - peut paraître surprenante, tant l'accord entre les deux auteurs semble superficiel. En réalité l'analyse de Bentham se rapproche de celle de Thornton sur un point fondamental dont, de manière paradoxale, il ne fait nullement mention dans le manuscrit : il s'agit de la notion de confiance, placée au centre de la théorie monétaire de Bentham, et dont il a souvent été souligné l'importance dans l'oeuvre de Thornton (Beaugrand, 1981, p. 42 ; Boyer des Roches, 1987, pp.111 et s. ; Hayek, 1939, pp. 46-7), conduisant ainsi à distinguer l'une et l'autre de ces deux analyses de celle de Ricardo en particulier.

5. Ce qui fut fait par Dumont en 1803, sous le titre *Recherches sur la nature et les effets du crédit du papier dans la Grande-Bretagne* (Imprimerie de la Bibliothèque Britannique, Genève).

BIBLIOGRAPHIE

BEAUGRAND P. (1981), *Henry Thornton : un précurseur de J.M. Keynes*, Paris, PUF.

BENTHAM J. (1828-43), *The Works of Jeremy Bentham, Published Under the Superintendance of his Executer, John Bowring*, Edinbourg, Tait, 22 vol.

BENTHAM J. (1952-4), *Jeremy Bentham's Economic Writings. Critical Edition Based on this Printed Works and Unprinted Manuscripts*, W. Stark (éd.), Londres, G. Allen et Unwin for the Royal Economic Society, 3 vol.

BENTHAM J. (1787), *Defense of Usury*, in Bentham (1952-4), vol. I, pp. 121-207.

BENTHAM J. (1801), *Sur les prix*, Ms Dumont 50, Bibliothèque publique et universitaire de la Ville de Genève, f. 30-439.

BENTHAM J. (1794-1828), *Memoirs and Correspondance*, in Bentham (1828-43), part. XX, pp. 305-606.

BOYER DES ROCHES J. (1987) : *Théories de la monnaie et politique monétaire*, Thèse pour le Doctorat ès Sciences économiques, Université de Paris I, tome 1.

HALEVY E. (1901-4), *La formation du radicalisme philosophique*, Paris, PUF, 1996.

HAYEK F.A. von (1939) : "Introduction", in Thornton (1802).

SIGOT N. (1995) : *L'utilitarisme à la rencontre de l'économie classique*, Thèse pour le Doctorat ès Sciences économiques, Université de Paris 1, janvier.

THORNTON H. (1802) : *An Enquiry into the Nature and Effects of the Paper Credit of Great Britain*, Londres, A.M. Kelley, 1991.

"DISCUSSION SUR LE PAPIER-MONNAIE, À PROPOS D'UN OUVRAGE D'H. THORTON"

Jeremy BENTHAM

(Manuscrit inédit, Bibliothèque publique et universitaire de la ville de Genève, Ms. 50, f. 440-452) [α]

[f. 441] Dans un ouvrage publié en [1802] par Mr H. Thornton, intitulé [*Enquiry into the Nature and Effects of the Paper Credit of Great Britain*] je trouve sur le papier-monnaie une opinion absolument opposée à la mienne : opinion qui, en la supposant vraie, présente une raison suffisante pour rejeter la mesure que je propose ici comme le seul moyen de prévenir l'excès du papier-monnaie [β].

Avant d'entrer dans l'examen de cette opinion, je dirai un mot sur le mérite de l'écrit où elle est affirmée. Je dois à l'auteur un tribut de reconnaissance comme à un maître qui m'a instruit et même le seul qui m'ait instruit, relativement à cette branche encore neuve de la science statistique. Les faits qui lui servent de base sont exacts et précis, ses raisonnement sont tirés des seules sources légitimes, les inconvénients et les avantages. Il n'y a point de jargon sur les droits de l'homme, il n'y a point de conclusions fondées sur des métaphores, point d'*absorption*, point de *digestion*, point de roue de *circulation* [χ], point de *distillation*, point d'*évaporation*, toutes figures qui jouent un grand rôle dans les ouvrages les plus célèbres de finance. Dans son style simple et naturel, je ne trouve rien que je ne comprenne sans effort, mérite qui doit être estimé à proportion de sa facilité apparente et de sa difficulté réelle. En un mot, chaque proposition est claire et je vois d'abord ce que je puis adopter et ce que je dois rejeter.

[f. 442] Dans ma manière de voir, l'accroissement du numéraire par l'accroissement du papier-monnaie a été une affaire de choix - de choix déterminé par une vue de profit exempt de blâme -. J'admets que cette augmentation de numéraire a été une cause d'augmentation de richesse réelle à un degré qui n'aurait pas eu lieu sans cela et jusqu'à ce point avantageux dans ses effets. Je l'accuse en même temps d'avoir été productive de deux maux dont chacun d'eux suffit pour contrebalancer le bien : en tant qu'augmentation du numéraire, il en a résulté une dépréciation de l'argent, une hausse des prix et une taxe énorme quoiqu'indirecte sur le revenu : en tant qu'augmentation par émission de papier-monnaie, il en résulte une masse toujours croissante d'engagements à payer en portions correspondantes d'une masse de monnaie métallique qui va toujours en décroissant - danger qui aboutit à la certitude d'une banqueroute universelle.

Dans la manière de voir de Mr Thornton, l'augmentation du numéraire a été plutôt une affaire de nécessité que de choix - un moyen de défense personnelle pour prévenir les inconvénients qui se seraient fait sentir si, dans les accroissements du commerce, le numéraire n'avait pas eu des accroissements proportionnels. L'auteur spécifie d'une manière nette et distincte les inconvénients, résultant d'un commerce qui acquiert plus d'étendue, si le numéraire ne se multipliait pas en proportion : et selon lui, l'accroissement du numéraire a été un remède préventif par rapport à ses inconvénients.

[f. 443] Qu'il y ait des cas où un déficit dans le numéraire puisse produire des inconvénients réels, et même amener la banqueroute, et que dans ces cas une émission de papier-monnaie ait pu être avantageuse, ce sont là des propositions que j'admets comme lui.

Je suis également convaincu qu'un déficit pareil à celui qui résulta d'une diminution considérable dans la masse des billets de banque en circulation, produisit des inconvénients sérieux et même une chance considérable de banqueroute universelle.

J'admets que *le maximum de la perfection serait - que la proportion de l'argent aux valeurs vénales restât constamment la même* [δ] : en sorte que si à la fin d'une période de dix ans, à compter d'aujourd'hui, les valeurs vénales augmentaient d'un 1/10, ce qu'il y aurait de plus heureux, c'est que le numéraire (c.à.d. le pouvoir du numéraire, comprenant sa quantité et sa vitesse de circulation tout ensemble) augmentât de même de 1/10 - et que si contre le cours ordinaire des choses, et par l'effet de quelque calamité, les valeurs vénales venaient à diminuer d'un 1/10, le numéraire éprouvât un décroissement proportionnel.

Voici le point sur lequel je diffère de Mr Thornton.

Je ne crois pas que les inconvénients résultant d'un décroissement du numéraire dans sa proportion aux valeurs vénales et jusqu'à un certain degré soit aussi grand que les inconvénients résultant d'un accroissement du numéraire dans sa proportion aux valeurs vénales au même degré $^{\varepsilon}$.

[f. 444] Je pense que si l'on mettait un terme final à l'augmentation du papier-monnaie, l'inconvénient qui pourrait en résulter serait presque nul en comparaison de l'avantage qui consiste à prévenir les maux inséparables de cette augmentation abandonnée au libre arbitre des banques.

Pour estimer les inconvénients qui pourraient résulter d'une mesure politique par laquelle on mettrait un terme final à l'augmentation du papier-monnaie, il y a deux choses à considérer.

1° Le dernier degré possible de la diminution des prix : c.à.d. l'accroissement dans la valeur de l'argent qui pourrait résulter de cette cause dans une période donnée $^{\phi}$.

2° L'effet de la diminution des prix sur les intérêts des diverses classes qui pourraient en être affectées à leurs désavantages.

1. L'accroissement dans la valeur de l'argent sera l'effet de la rareté comparative de l'argent : mais cette rareté ayant pour sa cause l'accroissement de la prospérité du pays aura pour sa *limite* la limite de cet accroissement.

Cette considération simple et préliminaire va bien loin pour la décision de l'argument : car quel est l'objet définitivement en vue ? ce n'est pas l'accroissement de l'argent, mais l'accroissement de la richesse réelle, ce n'est pas l'accroissement de l'ombre, mais de sa substance. Si la richesse réelle s'augmente, peu importe si l'argent augmente ou non : [f. 445] si la richesse réelle ne s'augmente pas, l'inconvénient supposé n'a pas lieu.

On dira peut être que dans ce cas comme je l'ai dit dans le cas opposé que la richesse peut être achetée trop cher. La richesse achetée par l'accroissement de la proportion de l'argent avec les choses vénales est, selon moi, achetée trop cher : n'en pourrait-on pas dire autant de celle qui est achetée par la décroissance de la proportion de l'argent ?

1° Je ne fais pas mention du décroissement de la proportion d'argent avec les choses vénales comme un moyen d'augmenter la richesse. Je ne lui attribue pas cette tendance : je lui attribue au contraire une tendance à diminuer la richesse jusqu'à un certain degré. J'admets que c'est un obstacle au maximum de l'opulence : au moins aussi longtemps qu'on borne son calcul à une période fixe et limitée : mais le caractère dans lequel je recommande cette maxime, c'est un moyen sûr d'acheter un degré de sécurité proportionné au mal prévenu et par conséquent sans comparaison supérieure en nature au plus haut degré possible d'opulence qu'on lui sacrifie [Y].

J'admets que la rareté de l'argent produit des inconvénients - il fait éprouver une sensation de perte à quelques (classes d'(individus, comme l'abondance croissante d'argent fait éprouver le même inconvénient, une sensation de perte à d'autres classes d'individus.

Pour comparer perte avec perte, procédons d'abord à estimer le plus haut degré possible de rareté d'argent qui puisse arriver dans un temps donné.

[f. 446] Je ne crois pas que les calculateurs les plus exactes aient jamais pensé que la richesse du pays avait doublé dans les derniers 50 ans. Pour la facilité du calcul, et avec un degré d'exactitude suffisant pour l'objet actuel, au lieu de 50 ans, disons 100. Je crois plutôt rester au deçà du vrai que de le passer : car, à juger par les recherches du Dr Beeke, la population parait avoir doublé dans ce temps, et je serais porté à croire que la proportion de la richesse à la population (le degré de richesse relative en tant que distinct de la richesse absolue) est un peu plus grand à présent qu'alors : cependant l'affirmative n'est pas aussi bien établie qu'on pourrait le désirer et l'on aura des doutes si l'on considère combien grande est la portion de la richesse annuelle qui se compose des gages du travail, et combien il y de raison de soupçonner que les gages réels du travail déduits d'après les prix du blé, sont à présent au dessous de ce qu'ils étaient, alors.

A ce taux, à la fin de cent ans, les prix des provisions et des choses vénales serait réduit à la moitié de ce qu'ils sont à présent : l'argent serait du double plus rare. Celui qui aurait £ 100 en argent pourrait acheter (alors(autant de valeurs vénales pour cette somme que celui qui aurait aujourd'hui £ 200.

Mais cela suppose que toute accroissement d'argent est arrêté, non seulement celui du papier-monnaie mais encore celui du numéraire métallique car si l'accroissement du numéraire métallique (soit par addition à la quantité ou à la vitesse de circulation (va du même pas que celui de la richesse réelle, savoir 1 p. cent par année, il n'y aurait point de décroissement de prix, point de diminution dans la valeur de l'argent, et tout resterait sur le même pied.

[f. 447] Cet accroissement de monnaie métallique est une chose éventuelle qui dépend principalement de la fertilité des mines d'or. Mais en supposant que leur produit continuât sur le même pied habituel, l'accroissement que je suppose, c'est à dire, le doublement du numéraire est ce qu'on peut naturellement attendre. Dans le cours de 40 ans, du règne actuel, malgré le désavantage du haut prix pour les gages du travail, le numéraire métallique parait plus que doublé : en proportion du décroissement dans les prix, et de l'accroissement dans le capital réel, il est naturel de supposer que dans une autre période de 40 ans, il y aurait plutôt un accroissement qu'un décroissement dans la quantité totale des exportations et des importations qui ont lieu en retour, soit en valeurs vendues, soit en or.

Mais une autre considération, très importante par rapport à la question actuelle, c'est qu'en bornant nos vues à la Grande Bretagne, il n'y a pas lieu à un accroissement de richesse réelle tel que je l'ai supposé, ni dans un espace de cent ans ni dans un plus grand espace de temps, lors même qu'on embrasserait l'Irlande dans le calcul.

La richesse agric[ole], en tant qu'elle dépend de la quantité de terre, ne peut être augmentée que d'environ 1/7ième : parce qu'il n'y a pas plus d'un septième qui reste encore inculte et susceptible de culture.

L'accroissement de la richesse par le produit des manufactures n'a pas des limites aussi déterminées : mais quand elle s'étend au delà des limites [f. 448] qui bornent l'accroissement par l'agriculture, c'est une espèce de richesse précaire et périlleuse, qui doit être plutôt évitée que recherchée, et dont le préservatif se trouve dans la colonisation et dans l'émigration ; je dis émigration, sans ignorer que c'est un des plus grandes épouvantails de notre politique actuelle. La Grande Bretagne est tenue d'être un pays à blé, sous peine d'une constante dépendance et d'une disette fréquente, pour ne pas dire famine. La Grande Bretagne n'est pas comme la Hollande, adossée à l'Allemagne et à un continent qui peut subvenir à tous ses besoins. Un petit pays peut être nourri par le surplus d'un grand : un grand pays ne peut pas être nourri par le surplus d'un petit. C'est une observation que je recommande à l'attention de ceux qui sont chargés des intérêts publics, quoique j'espère peu, dans la disposition actuelle des esprits et au milieu des illusions dominantes et de l'enchantement où l'on est sur les manufactures, qu'elle ne soit pas regardée comme un paradoxe singulier et une théorie utopienne (*sic*). Pour moi, je ne conçois rien de plus périlleux que de dépendre pour sa subsistance, non seulement des saisons plus ou moins fertiles, mais encore des accidents maritimes, des vents et des tempêtes, et des dispositions politiques de nos voisins, encore plus changeables que l'océan qui nous environne. Je ne conçoit rien de plus périlleux que d'avoir à compter sur un produit toujours croissant dans d'autres pays, et sur l'amitié des autres puissances, comme si nous ne savions pas que la politique peut préférer au plaisir insipide d'un commerce tranquille et prospère qui n'enrichit que des fermiers la haute jouissance de faire régner la disette et la famine dans le sein d'un pays ennemi.

[f. 449] La dépense des magasins de blé est une mine d'*assurance* contre la famine. Peu d'individus regrettent pour eux-mêmes, aucun politique ne regrette pour la Communauté, les frais de l'assurance contre les incendies. Mais qu'est-ce que le plus grand mal possible pour des incendies en comparaison du mal toujours menaçant des disettes et des famines ? Les marchandes de blés peuvent faire des spéculations relativement aux disettes, mais des spéculations privées ne peuvent rien contre une famine.

Si les obstacles qui arrêtent les enclos et les défrichements étaient supprimés, il est probable que dans un petit nombre d'années, tout ce qui reste de terre inculte serait mis en valeur.

Une autre ressource, c'est l'amélioration dans la culture des terres déjà cultivées. Cette amélioration est susceptible sans doute d'un très grand progrès : mais y a-t-il personne qui suppose que l'accroissement additionnel qu'on peut obtenir par là soit de 100 pour cent ? Les moyens me manquent pour former même une conjecture raisonnable sur cet objet. Je laisse cette question à ceux qui sont plus compétents que moi pour la décider.

Après cette augmentation dans les produits par une agriculture perfectionnée, plus il y aura d'accroissement dans la population, plus sera grande notre dépendance, relativement à la subsistance : plus serons nous exposés à toutes les variations politiques dans la disposition de nations rivales et souvent ennemies.

Mais l'accroissement du numéraire par l'accroissement du papier-monnaie n'ajoute rien à la quantité de terres labourables : nous voyons même que l'attraction de l'argent est plus forte vers les manufactures que vers les terres [f. 450] non cultivées : et la preuve concluante est dans l'accroissement supérieur de la richesse manufacturière sur la richesse agriculturale (sic).

2. Passons maintenant aux classes qui seraient sujettes à être affectées par la baisse supposées des prix. (La valeur augmentée et la rareté de l'argent) est le degré dans lequel elles seront respectivement affectées.

I. Fermiers, ayant des terres à bail. Si dans la baisse des prix, il n'y avait rien qui opérât comme indemnité, l'effet total serait à leur désavantage. Le montant de leurs rentes respectives, au commencement de leur bail, serait naturellement gouverné par les prix du jour, - par les prix des produits de l'agriculture à ce moment donné. Les prix des produits de l'agriculture sont plus exposées à la hausse que ceux des manufactures, ils seront donc aussi plus exposés à la réduction, quand à la proportion de l'argent avec les choses vénales viendrait à diminuer, comme dans la supposition cela arriverait par la limitation de la quantité d'argent.

Mais l'effet sur les prix qui serait à peine sensible à cause de l
de l'opération, l'est encore moins à raison d'une compensation conccomitante : ce que j'appelle compensation, c'est la réduction des gages du travail agricultural (sic), chef de dépense qui constitue une grande proportion des déboursements du fermier.

[f. 451] La compensation que j'ai en vue n'est pas la réduction dans le montant de l'argent payé par le fermier d'une manière directe sur le pied de gages hebdomadaires, mais la réduction dans le montant de l'argent payé par le fermier au journalier d'une manière indirecte sur le pied de taxe des pauvres.

Dans le système existant des hauts prix, un des effets est que les gages du laboureur sont insuffisants pour son maintien, non seulement quand il est affaibli par la vieillesse ou dans des cas accidentels de maladie et des chômage, mais dans la vigueur de l'âge et l'emploi entier de son temps, lorsqu'il a un certain nombre d'enfants qui n'ont pas encore une capacité de travail suffisante à leur entretien. La demande pour les secours de la paroisse est dans le plus grand nombre de ces cas non occasionnelle mais constante. Le fermier ayant une certaine somme fixe à payer pourrait aussi bien, dira-t-on, la payer en première instante sous la forme de gages que de la payer en partie sous cette forme et en partie sous celle de contribution pour les pauvres, mais son intérêt personnel lui fait apercevoir une différence entre ces deux modes de payement. Par la hausse des gages, il aurait à payer la même somme à celui qui n'est pas marié ou qui n'a point d'enfants comme à celui qui est chargé de famille : par la hausse des gages, il n'y a que celui qui est assez riche pour louer le travail qui est appelé à le payer : par la hausse de sa contribution pour les pauvres, il paye les accroissements [f. 452] en partie avec son propre argent, en partie avec l'argent de celui qui n'est pas assez

1.Quand à la fixation légale des gages du travail, quoique la chose soit regardée comme praticable par de très bons juges, je n'ai jamais vu résoudre les difficultés que cette mesure présente et même dans ce cas, les gages ne pourraient être rendus suffisants pour des familles nombreuses, sans paraître excessifs pour les familles peu nombreuses et les ouvriers qui n'ont à pourvoir qu'à leur entretien personnel. (?) un plan pour cet objet par l'auteur, dans les annales d'agriculture de Young, années 1797 et 1998.

2.Ce qui fait (présumer ?) que les gages directs du laboureur ne seraient point diminués, c'est qu'ils sont aussi bas, pour ne pas dire plus, dans l'époque actuelle que dans aucune des époques antérieures, dont on a des documents. Il y a eu de grandes révolutions dans la proportion entre le prix de la nourriture du laboureur et le montant de ses gages. Il parait que la fluctuation a été entre le prix d'un seul boisseau de grain par jour pour les gages d'un laboureur à celui de deux boisseaux et demi par an du même grain.

riche pour en louer lui-même. C'est ainsi que le fardeau de la taxe des pauvres doit continuer à peser inégalement sur les contribuables jusqu'à ce que l'esprit public soit assez éclairé pour reconnaître la nécessité d'un établissement national dans lequel on rassemble tous ces fragments épars de capacité pour le travail, lesquels par la nature des choses ne peuvent être employés avec avantage que par une masse correspondante de capital appliqué à cet objet [1] η.

Ainsi le fermier, sans avoir à payer moins à son propriétaire pendant la durée de son bail ni moins au laboureur pour ses gages aurait moins à payer indirectement à la contribution paroissiale [2].

Jusqu'à présent, j'ai parlé des fermiers à baux, comme si le fardeau était égal pour tous. Mais les baux varient dans leur durée d'une année à vingt et une. La perte, s'il y en avait, ne devrait se compter que pour les années du bail non expirées. Le bénéfice aurait eu lieu sur toutes celles qui ont couru depuis le commencement du bail. Il ne pourrait y avoir de perte positive que pour les baux récents et d'une longue durée. Cette perte, très petite en elle-même, disparaît quand on considère l'ensemble des effets avantageux qui doivent résulter de l'opération proposée.

II. Possesseurs des fonds, ou des annuités du gouvernement.

III. Marchands et manufacturiers

N.B.[1] J'ai omis ces deux articles dont je n'ai pu me faire une idée nette. Tout ce que j'ai bien compris, c'est que la baisse des prix pourrait par rapport à eux, (prévenir ?) un gain positif, mais non produire une perte positive. Différence qui n'est point de nature à contrebalancer les effets avantageux de la mesure.

---

1. Quand à la fixation légale des gages du travail, quoique la chose soit regardée comme praticable par de très bons juges, je n'ai jamais vu résoudre les difficultés que cette mesure présente et même dans ce cas, les gages ne pourraient être rendus suffisants pour des familles nombreuses, sans paraître excessifs pour les familles peu nombreuses et les ouvriers qui n'ont à pourvoir qu'à leur entretien personnel. (?) un plan pour cet objet par l'auteur, dans les annales d'agriculture de Young, années 1797 et 1998.

2. Ce qui fait (présumer ?) que les gages directs du laboureur ne seraient point diminués, c'est qu'ils sont aussi bas, pour ne pas dire plus, dans l'époque actuelle que dans aucune des époques antérieures, dont on a des documents. Il y a eu de grandes révolutions dans la proportion entre le prix de la nourriture du laboureur et le montant de ses gages. Il paraît que la fluctuation a été entre le prix d'un seul boisseau de grain par jour pour les gages d'un laboureur à celui de deux boisseaux et demi par an du même grain.

Notes du présentateur

α. Pour la transcription de ce manuscrit (traduit de l'anglais en français par Dumont), on a de manière systématique rétablit l'orthographe et la ponctuation modernes ; les rares ratures que le texte original comprenait ont été reproduites lorsqu'elles étaient lisibles ; de même que les ajouts, signalés par des barres verticales. Par contre, les fautes de syntaxe ont été conservées, car elles ne nuisaient pas à la compréhension du texte. Les passages entre crochets à l'intérieur du texte sont des précisions ou des commentaires d'ordre purement technique introduites par moi. Un mot entre parenthèses suivi d'un point d'interrogation indique un doute sur la transcription de ce mot. Enfin, les notes de Bentham sont signalées par des appels en chiffres arabes.

β. Bien qu'aucune précision ne soit apportée par Bentham sur le lieu où cette mesure est exposée, il semble qu'il s'agisse du manuscrit *Sur les prix*. Elle consiste alors dans la nécessité de proportionner l'augmentation du volume de la production à celle du numéraire, au moyen d'une réglementation du système bancaire par le biais de patentes : voir *Sur les prix*, ff. 373-5.

χ. Allusion à A. Smith, *Recherches sur la nature et les causes de la richesse des nations* : voir, par exemple pp. 374 et 379 ([1776], vol. I, Flammarion. 1991 ; éd. anglaise : p. 291 "wheel of circulation" ; id. p. 292).

δ. Souligné par moi : c'est, en effet, la position défendue dans *Sur les prix* (voir par exemple, ff. 196, 224 ou 352).

ε. Ce passage pose un problème dans la mesure où il semble être contradictoire avec le précédent qui affirme que "le maximum de la perfection serait que la proportion de l'argent aux valeurs vénales restât constamment la même" : cette contradiction résulte sans doute de l'ajout à l'analyse d'une hypothèse supplémentaire, selon laquelle la production, tant agricole que manufacturière, sera bientôt stoppée. L'objet de Bentham est alors d'estimer les avantages qui résulteraient d'une diminution du niveau général des prix "si l'on mettait un terme final à l'augmentation du papier-monnaie" avant même que les limites physiques à la production ne soient atteintes.

φ. Pour Bentham, en effet, augmentation des prix et dépréciation de la monnaie "ne sont que deux manières différentes d'exprimer le même fait" (*Sur les prix*, f. 46).

γ. On retrouve ici la tension - fréquente dans l'analyse de Bentham - entre les objectifs de sécurité et de subsistance, voir d'abondance : la hiérarchisation habituelle (la sécurité est première, la subsistance vient ensuite) est respectée.

η. Bentham fait référence ici aux "maisons d'industrie" dont il propose la création dans ses divers écrits sur les pauvres.

ι. Ajout de Dumont, qui montre les difficultés qu'il a souvent rencontré dans la traduction des textes de Bentham.

NOTE BIBLIOGRAPHIQUE

ROBERT ROLLINAT, LA NOUVELLE HISTOIRE ÉCONOMIQUE,

Editions LIRIS, 1997

Sylvain ZEGHNI

"L'historien est un prophète qui regarde en arrière"
Heinrich Heine

Les relations entre histoire et économie ont déjà fait l'objet de nombreuses controverses. Issues toutes les deux de la philosophie morale, ces sciences ont au départ cohabité faisant en commun leurs premiers pas comme disciplines autonomes.

Ainsi, comme le rappelle justement Robert Rollinat : "*...à l'origine de l'économie politique, le fait historique et social était largement intégré à la démarche analytique*" [1].

C'est notamment le cas chez Smith, Malthus, Ricardo ou Sismondi pour ne citer qu'eux. Toutefois, le développement de la méthode hypothético-déductive va s'accompagner progressivement d'un éloignement de toute préoccupation empirique. Cette déconnexion de l'histoire et de l'économie à partir d'un conflit de méthode (hypothético-déductive d'une part, inductive de l'autre), s'est peu à peu approfondie dès le début du 19ème siècle, et renforcée pendant le siècle suivant.

Avec la domination progressive de l'approche axiomatique et de sa démarche hypothético-déductive, le rejet de l'histoire comme discipline peu "scientifique" s'est accentué, laissant la place à une désincarnation des processus économiques. L'économie devient alors la "*reine des sciences humaines*", malheureuse expression de Braudel. L'impérialisme de la

1. Robert Rollinat : "La nouvelle histoire économique", Editions LIRIS, 1997, p. 9

CAHIERS D'ÉCONOMIE POLITIQUE, n°32, L'HARMATTAN, 1998.

méthode économique laisse alors peu de place à toute contestation de la part des autres sciences sociales.

Ce que nous propose Rollinat dans son ouvrage est une relecture des rapports entre économie et histoire au travers la naissance et le développement aux Etats-Unis de la *New Economic History (désormais NEH)*, dont les deux figures prépondérantes, Douglass North et Robert Fogel furent désignés prix Nobel d'économie en 1993.

Il est toutefois utile de rappeler ici que c'est un article de A. H. Conrad et J. R. Meyer portant sur l'esclavage aux Etats-Unis, paru en 1958 qui lance le débat avec pour relais un groupe de chercheurs de la Purdue University of Indiana.

A travers 5 chapitres très denses, l'auteur vise à expliciter les apports et les limites de la cliométrie, chère à la NEH. Dans le premier chapitre, consacré à la place de l'histoire économique entre l'économie et l'histoire, Rollinat retrace, sans doute de façon un peu trop suggestive, les querelles de méthodes entre historiens et économistes. Les grands auteurs sont tour à tour mobilisés au travers de leurs conceptions de l'histoire et de sa place dans l'économie. On regrettera ainsi le survol de la fameuse querelle des méthodes qui traverse le 19ème siècle et se prolonge au 20ème siècle, avec l'école historique allemande. Cependant, l'effort comparatif entre le débat initié en Allemagne et son prolongement international, notamment en Grande-Bretagne est bien rendu.

Dans un second chapitre, l'auteur analyse les facteurs qui ont donné naissance à la NEH. Liée au départ aux préoccupations américaines, et notamment du NBER, de s'interroger sur les conditions d'un régime permanent de croissance, la NEH s'appuie sur l'appareil statistique américain. Il s'agit donc de lire, ou de relire, l'histoire à travers un aspect à la fois quantitatif et contrefactuel. C'est ainsi que la NEH va s'attacher à étudier les conditions de la croissance américaine au 19ème siècle en s'interrogeant sur les fondements de la guerre de sécession, l'esclavage ou bien encore le rôle des chemins de fer. Souvent provocatrices, les conclusions de ces premières analyses laisseront sceptiques nombre d'historiens aussi bien aux Etats-Unis qu'en Europe.

Dans un second temps, l'application complète des méthodes et des concepts économiques orthodoxes aux faits de l'histoire semble devenir un souci de la NEH. Ainsi, dans le chapitre 3, Rollinat met en évidence l'emprunt par la NEH, des modèles d'équilibre partiel ou d'équilibre général chers à l'analyse axiomatique. Il s'agit alors, sur la base de statistiques, de tester la falsifiabilité des résultats et des "modèles" de l'histoire économique traditionnelle et de la théorie économique. Les thèmes de départ sont progressivement abandonnés, pour laisser la place à l'étude du commerce international et au rôle du libre-échange ou à l'histoire monétaire et financière.

Comme le montre Rollinat dans le chapitre 4, le débat va désormais se concentrer sur des thèmes qui font conflit chez les économistes. C'est le cas notamment de la crise des années 30 où la NEH vise à trancher le débat entre monétaristes et keynésiens. Mais c'est également le cas des interrogations sur les explications traditionnellement données par les économistes, de la croissance et notamment du fameux résidu.

L'ouvrage de Rollinat se termine alors par le chapitre, à notre avis le plus stimulant, sur le rôle des institutions dans l'histoire économique. Ici, constate l'auteur, il y a une rupture profonde avec la NEH symbolisée par la dissidence de North. La NEH, en empruntant aux approches axiomatiques de l'économie, avait gagné en crédibilité auprès des économistes, mais perdu quant à l'explication de l'évolution des structures. Citons ici North : "*La révolution cliométrique en histoire économique a épousé l'économie néo-classique et les méthodes quantitatives avec l'objectif de décrire et d'expliquer les performances des économies du passé. L'histoire économique a ainsi gagné en rigueur et en prétention scientifique, mais au détriment de l'exploration d'un ensemble de questions plus fondamentales concernant la structure évolutive des économies servant de base à ces performances* [2]".

L'analyse en termes de droits de propriété et de coûts de transaction est alors mobilisée pour rendre compte des régimes institutionnels qui, à long terme, jouent un rôle important dans la mobilisation et l'affectation des ressources. Le rôle de l'Etat est alors reconsidéré à la fois au travers des règles juridiques mais également en tant que tel.

L'ouvrage de Rollinat, pour stimulant qu'il soit laisse subsister des interrogations et ouverts des débats. C'est à l'un d'entre eux que nous allons consacrer notre discussion.Il première concerne la place de l'histoire économique à l'intersection de l'histoire et de l'économie.

On a quelquefois l'impression d'une intersection vide. L'histoire économique traditionnelle s'est trop souvent contentée de recension statistique et de monographies dont la portée, certes érudite, n'est que réduite pour les économistes. La NEH, quant à elle, constitue davantage une branche quasi-intégrée de l'économie qu'un entre-deux.

De fait, on assiste actuellement à un renouveau ou une découverte d'un nombre croissant de disciplines intermédiaires dans les sciences sociales.

2. Douglass North (1978), "Structure and Performance : the Task of Economic History", *Journal of Economic Literature*, vol. XVI, p. 963

On notera ici le regain de la *philosophie économique*, de la *socio-économie* ou bien encore de l'*histoire économique*.

On peut alors se demander si la volonté hégémonique de l'économie vis-à-vis des autres sciences sociales, par le biais de la recherche d'une axiomatisation toujours plus grande, pilier de sa *sagesse* et gage de sa *scientificité*, n'a pas abouti au rejet du *réel*, en dehors de son champ. Parallèlement, l'échec des autres sciences sociales à imposer leur caractère *scientifique* les pousse à revendiquer une part des rejets de la science économique.

Ainsi, la philosophie morale, incapable de se faire comprendre des économistes sur des questions aussi essentielles que la justice ou l'équité, en devenant *philosophie économique*, recherche un nouvel espace de dialogue à travers l'axiomatisation de son discours, à la fois gage de crédibilité et fondement du dialogue [3]. La question qui se pose est alors celle de l'existence d'un espace d'autonomie réelle de ces *disciplines intermédiaires*. Robert Rollinat conclut à l'autonomie de l'histoire économique par rapport à l'histoire et à l'économie. Pour notre part, il ne nous semble pas que l'on puisse admettre cette autonomie aussi facilement que le fait l'auteur. L'existence de réseaux académiques reconnus ou de revues, dans le monde anglo-saxon pour l'essentiel, n'est pas forcément un gage d'autonomie, tant ces réseaux ou revues sont liés à ceux des économistes. De plus, l'emprunt à la théorie économique néo-classique standard ou au néo-institutionnalisme économique montre bien à quel point la soumission aux analyses économiques est forte.

C'est notamment le cas pour ce qui concerne la méthode de la NEH lorsqu'elle admet implicitement ou explicitement pour cadre la méthode hypothético-déductive, rejetant ainsi l'induction. De fait, cela participe d'un double rejet de l'institutionalisme et de l'historicisme qui peu à peu s'est imposer à l'économie. Quand l'histoire fait son retour, c'est par la petite porte de l'économétrie rétrospective. Quant aux institutions, elles ne réapparaissent qu'au travers du néo-institutionalisme des droits de propriété où le conflit reste absent.

De fait, c'est bien la question des méthodes qui est en cause dans ce débat et l'on regrettera ici que l'auteur, à l'exception d'un rapide survol de la Methodenstreit dans le premier chapitre n'y fasse guère allusion explicitement. Peut-on souhaiter un oecuménisme des méthodes comme le souhaite Fogel lorsqu'il affirme ; "*Tandis que l'histoire "scientifique" et l'histoire*

3. Sur cette question on peut se reporter à Sylvain Zeghni (1997) : "Justice distributive, bien-être et liberté : de nouvelles théories pour des économistes en quête de sens. Théorie axiomatique et justice : l'analyse de Roemer", communication au colloque "Qu'y a-t-il de nouveau dans la Science Economique".

traditonnelle sont des modes de recherches différents et parfois rivaux, ils ne sont ni incompatibles ni intrinsèquement antagonistes. Au contraire, justement parce que chaque mode à un avantage comparatif dans certains domaine de recherche, ils se complètent et s'enrichissent mutuellement. Il semble raisonnable de croire qu'avec la tendance à l'interprétation des deux modes de recherche, l'intensité du conflit culturel diminue." ?

La réponse de Pierre Chaunu est ici très explicite : "*Cette prétendue histoire est à peine de l'histoire. Elle se complaît dans le temps très court d'un presque présent, elle se cantonne au secteur américain. Elle recourt aux modèles théoriques qui font intervenir les hypothèses sans vérification empirique..il y a enfin l'énormité des présupposés philosophiques implicites*".

Certes, cette réponse un peu vive de Chaunu témoigne de la réception plus que réservée qu'à eu la NEH parmi les historiens français. Sur un point au moins, la réflexion de Chaunu est caricaturale dans la mesure où il y a bien tentative de vérification empirique, mais à l'aide de la méthode contrafactuelle. Or, l'abus de cette méthode par la NEH pose également un problème méthodologique important à résoudre si l'on veut tenter un rapprochement de l'histoire et de l'économie. Ainsi, même des partisans convaincus de la NEH comme Glynn et Booth reconnaissent-ils l'abus fait par la NEH de la méthode contre-factuelle : "*La fantaisie ne saurait remplacer l'analyse historique. Celle-ci semble plutôt être desservie par des suppositions du type : que se serait-il passé si Gensis Khan avait été converti aux idéaux de mère Thérésa ? Napoléon au pacifisme ou Philip Snowden au keynésianisme ? On pourrait très bien se demander comment les Pharaons, Hitler ou Staline auraient tour à tour traité le problème du chômage en Grande-Bretagne entre les deux guerres, mais les spéculations a-historiques ne sont pas une bonne voie pour établir la validité d'un ensembe de propositions économiques*".

On constate donc là encore que l'emploi de la méthode contrefactuelle aboutit à une révision de l'histoire, voire à sa négation. L'analyse économique recherche une fois encore à se parer du sceau de l'histoire pour masquer son a-historicité.

Aussi bien du point de vue de l'emploi de la méthode hypothético-déductive que de celui de l'emploi de la méthode contrefactuelle et du recours au néo-institutionalisme, la question de l'a-historicisme de la NEH doit être posée.

Université de Marne-La-Vallée

www.ingramcontent.com/pod-product-compliance
Lightning Source LLC
LaVergne TN
LVHW010945051026
849532LV00003B/1138
* 9 7 8 2 7 3 8 4 6 8 7 8 9 *